KB137877

인공지능 시대와 장자

* 본 연구는 2019년도 계명대학교 연구기금으로 이루어졌음.

인공지능 시대와 장자

초판 1쇄 인쇄 2021년 6월 15일
초판 1쇄 발행 2021년 6월 25일

지은이 홍승표
펴낸이 김승희
펴낸곳 도서출판 살림터

기획 정광일
편집 송승호·조현주
디자인 유나의숲

인쇄·제본 (주)신화프린팅
종이 (주)명동지류

주소 서울시 양천구 목동동로 293, 22층 2215-1호
전화 02-3141-6553
팩스 02-3141-6555

출판등록 2008년 3월 18일 제313-1990-12호
이메일 gwang80@hanmail.net
블로그 http://blog.naver.com/dkffk1020

ISBN 979-11-5930-196-4(93330)

인공지능 시대와 장자

코로나와 국가주의를 넘어서

홍승표 지음

살림터

빠른 속도로 인공지능 시대가 열리고 있지만, 인류의 마음은 밝지 않다.

18~19세기에 걸친 다양한 진보주의 사상의 중요한 근거는 과학기술의 발달이었다. 당시 인류는 과학기술의 발달에 따라 사회는 점점 더 완전한 상태로 진보하리라고 믿었다. 19세기가 끝나고 20세기가 시작되던 무렵, 퀴리 부인 같은 과학자나 토머스 에디슨 같은 발명가는 그 시대의 슈퍼스타였다. 필자가 초등학교를 다니던 1960년대 말, 교실 뒤 학급문고에 가장 많이 꽂혀 있었던 책은 미래의 멋진 과학기술에 관한 서적이었다. 1969년 6월 29일 아폴로 11호 우주선에 탑승했던 우주인들이 달에 첫발을 내디뎠을 때, 인공위성 화면으로 이를 지켜보던 필자와 마을 사람들은 가슴이 벅차올라 감격의 눈물을 흘렸다.

과학기술은 오늘날 더 비약적으로 발달해서 인공지능 시대가 열리고 있다. 그러나 우리 시대의 슈퍼스타 명단에 위대한 과학자나 발명가의 이름은 보이지 않는다. 사람들은 더 이상 과학과 기술에 열광하지 않는다. 뿐만 아니라, 많은 SF 영화들은 첨단 과학기술에 의해 파괴된 지구의 모습을 그리고 있다. 과학기술 유토피아가 아니라 과학기술 디스토피아가 우리 시대를 지배하고 있다.

왜일까? 무엇이 과학기술에 대한 태도의 돌변을 가져온 것일까? 그 답은 이것이다. 현대 사회의 세계관적인 기초는 현대 세계관이다. 현대 사회의 기술적인 하부구조는 산업혁명 이후의 산업기술이다. 소프트웨어로서의 현대 세계관과 하드웨어로서의 산업기술이 결합해서 다양한 현대 사회 시스템들을 형성해 왔다.

그런데 균열이 생겼다. 인공지능의 발달을 그 중심에 두는 신기술 혁명이 일어나기 시작했고, 신기술 혁명은 모든 현대 사회 시스템들을 붕괴시키기 시작한 것이다. 그런데 인류는 아직 낡은 현대 세계관에 사로잡혀 있다. 낡은 현대 세계관의 눈으로 보면, 현대 사회 시스템들이 붕괴하는 것은 무엇을 의미하는가? '세상이 망하는 것'을 의미한다. 세상을 망하게 하는 원흉은 누구인가? 바로 인공지능을 비롯한 신기술이다. 그러니까 현 인류의 과학기술에 대한 감정은 좋을 수가 없다.

심정적으로 본다면, 인공지능을 때려 부수고, 일자리가 넘쳐나고 자영업자들도 장사가 잘되었던 멋진 과거로 돌아가고 싶다. 마치 19세기 초 영국 중북부 직물공업지대에서 분노한 숙련노동자들이 기계파괴운동에 나섰던 것처럼….

낡은 현대 세계관과 새로운 신기술이 격렬한 문명 충돌을 일으키고 있다. 그 와중에서 인류는 커다란 고통을 겪고 있고, 문명 위기는 고조되고 있다. 문명 충돌이 더 격화된다면, 그 끝은 무엇일까? 문명 대파국과 인류의 멸종이다. 아무도 원하지 않는 어두운 미래이다.

미래를 희망찬 것으로 만들기 위한 전제 조건은 무엇인가? 문명 충돌을 일으키고 있는 낡은 현대 세계관과 새로운 신기술 중 하나를 폐기하는 것이다. 심정적으로 많은 사람들이 폐기를 바라는 '인공지능의 폐기'가 가능할까? 물론 가능하지 않다. 기술 발전이란 불가역적인 것이어서 산업사회가 농경사회로 회귀할 수 없듯이, 우리는 인공지능을 폐기할 수 없을 뿐만 아니라 그 발전을 막을 수도 없다. 더 중요한 것은 인공지능 기술을 폐기해서도 그 발전을 저지해서도 안 된다는 점이다. 왜냐하면 인공지능 기술은 미래 사회의 새로운 기술적인 기초가 되어야 하는 중요한 기술이기 때문이다.

그렇다면 우리는 무엇을 폐기해야 할까? 당연히 낡은 현대 세계관이다. 낡은 현대 세계관은 문명 위기를 고조시키는 주범이며, 미래 사회로의 놀라운 점프를 가로막는 결정적인 걸림돌이다. 인류가 희망찬 미래로 나아가기 위해서는 낡은 현대 세계관을 과감하게 팽개쳐야 한다.

미래 사회의 기술적 하부구조가 될 신기술 혁명은 이미 일어나기 시작했고, 앞으로 가속화될 것이다. 그렇다면 새로운 미래 사회 건설을 위해 지금 인류가 주력해야 할 작업은 무엇인가? 바로 탈현대 세계관을 구성하는 일이다.

새로운 미래 사회를 모색하는 우리가 왜 이천사백 년 전에 쓰인 『장자(莊子)』에 주목하는가? 『장자』는 탈현대 세계관의 보고이기 때문이다. 미래를 위해 준비된 인류의 소중한 유산이기 때문이다. 인류를 문명 위기에서 구해야 한다는 간절한 심정으로, 인류는 아름답고 멋진 신문명으로 나아가야 한다는 열망을 갖고, 『장자』를 읽었다. 『장자』 속에 묻혀 있는 탈현대 세계관을 발굴하고, 이것이 인공지능과 만났을 때, 얼마나 멋진 삶과 사회가 만들어질 수 있을 것인지를 구상화하고자 했다.

　평생을 함께할 귀한 동지들, 정재걸, 이승연, 이현지, 백진호 선생님들이 이 책이 만들어지는 데 많은 도움을 주었다. 특히 이현지 교수님은 집필에서 출판에 이르기까지 정말 많은 도움을 주었다. 채산성이 없는 줄 알면서도 출판을 쾌히 허락해 주신 살림터 정광일 사장님께 깊이 감사드린다.

　이 책을 할아버지가 아주 많이 사랑하는 홍수지와 홍석주에게 선물한다.

2021년 6월

홍승표

차례

인공지능 시대,
왜 장자인가

인공지능 시대가 열리고 있다. 그러나 인류는 여전히 낡은 현대 세계관에 고착되어 있다. 그리하여 낡은 현대 세계관과 새로운 인공지능 간의 격렬한 문명 충돌이 일어나고 있다. 문명 충돌이 격화되면, 문명 위기가 심화되고, 결국은 문명 대파국과 인류의 멸종이라는 최악의 상황을 유발할 것이다. 낡은 현대 세계관과 새로운 인공지능 중 무엇을 폐기해야 할 것인가? 물론 낡은 현대 세계관이다.

낡은 현대 세계관을 폐기하고, 인공지능 시대와 조화를 이룰 수 있는 새로운 탈현대 세계관을 모색할 때, 장자(莊子, B.C. 369~289)는 새로운 탈현대 세계관 구성을 위한 풍요로운 보고이다. 장자는 커다란 날개를 갖고 있는 대붕(大鵬)이다. 그래서 그는 이천사백 년 동안 날 수 없었다. 그의 날개는 너무나 커서, 그가 날기 위해서는 엄청난 태풍이 필요했기 때문이다. 그런데 지금 엄청난 태풍이 불어오기 시작하고 있다. 인공지능의 발달을 그 중심에 두는 신기술 혁명이 그것이다. 장자 사상은 인공지능 시대를 위해 준비된 것이며, 인공지능 시대 역시 장자를 간절히 필요로 한다.

1. 인공지능 시대는 장자를 필요로 한다

지금 지구촌에 거대한 태풍이 몰아치고 있다. 거대한 태풍은 현대 문명이 건설한 모든 사회 시스템들을 부숴 버릴 것이다. 인공지능 발달을 중심으로 하는 신기술 혁명이 바로 그 태풍이다. 신기술 혁명이 시작되면서 이미 모든 현대 사회 시스템들이 붕괴되기 시작했다.

현대 사회 시스템은 인간 노동의 바탕 위에 형성, 발전되어 왔다. 현대 자본주의 시스템에서 노동자가 한 축을 담당하고 있다는 것은 자명한 사실이다. 현대 교육은 자본주의 시스템이 필요로 하는 노동자를 양성하는 데 주력해 왔다. 현대 국가는 기업에 대한 법인세와 자본가와 노동자에 대한 소득세가 주 수입원이다. 대부분 현대 가족에겐 임금 소득이 가족 경제생활의 기반이 된다.

그런데 인공지능 발달은 더 이상 인간 노동이 필요치 않은 새 시대를 열어 가고 있다. 인간 노동은 노동을 구상하는 지력(知力)과 실행하는 근력(筋力)으로 구성되어 있다. 산업혁명 이후 기계력 이용이 본격화되면서, 인간 노동 중 근력은 기계력으로 대체되었다. 이제 인공지능의 출현과 확산으로 인간 노동 중 지력이 인공지능으로 대체되고 있다.

인공지능 출현 초기만 하더라도 사람들은 인공지능이 인간 지능을 능가할 수 있으리라고는 생각하지 않았다. 그러나 2016년 3월 알파고(AlphaGo)가 이세돌을 이겼을 때, 사람들은 인공지능 시대가 우리 곁으로 부쩍 다가왔음을 느꼈다. 2국에서 알파고가 포석 단계에서 17수를 5선에 두었을 때, 관전자들은 경악했다. 왜냐하면 그 수는 어떤 인간 바둑기사에 의해서도 두어진 적이 없는 신수(新手)였기 때문이다. 이것은 알파고가 창의적인 생각을 할 수 있다는 것을 의미했다.

더 큰 놀라움을 던진 것은 2017년 10월에 등장한 알파고 제로(Al-phaGo Zero)다. 알파고 제로는 바둑 규칙 외에 아무런 사전 지식 없이 인공신경망 기술을 활용, 스스로 대국하며 바둑 이치를 터득했다. 알파고 제로가 72시간 독학한 뒤 이세돌을 이긴 알파고[알파고는 많은 인간 기보를 학습했고, 이세돌과의 대국까지 수년이 걸렸음]와 대결한 결과 100전 100승을 거뒀다(ICT 시사상식 2019). 이것은 인공지능의 발달 속도가 기하급수적이며, 머지않은 장래에 인간을 훨씬 넘어서는 인공지능의 출현을 예고하는 사건이었다.

인공지능과 기계가 합쳐지면 인공지능 로봇이 된다. 인공지능 로봇은 이미 정형화된 인간 노동을 광범위하게 대체하고 있다. 물론 인공지능의 인간 노동 대체는 여기에 머물지 않을 것이다. 예전에 인공지능 로봇에 의해 대체가 어려울 것으로 예상된 인간 노동은 트럭 운전, 문서 작성, 의료 진단 같은 것이었다. 그러나 의료 진단이나 문서 작성은 이미 일부 대체가 되었고, 수년 뒤 자율주행차가 나오면 트럭 운전역시 인공지능에 의해 대체될 것이다. 『노동의 시대는 끝났다』(2020)의 저자 D. 서스킨드(Daniel Susskind)는 과거 말이 내연기관에 밀려났듯이, 인공지능 로봇은 모든 인간 노동을 밀어낼 것이라고 말했다.

공장이나 사무실에서 일하는 인공지능 로봇은 물론이고, 농장에도 광범위하게 인공지능 로봇이 적용되고 있다. 2016년 IBM은 암 진단과 치료를 목적으로 왓슨 포 온콜로지(Watson for Oncology)를 개발했고, 한국에서도 여러 병원에서 이를 도입해서 활용하고 있다. 작곡, 연주, 요리, 그림, 소설과 같이 로봇의 활동을 예측하기 어려웠던 분야에도 인공지능 로봇이 활동을 시작했다. 주식 분석만이 아니라 거래에

도 인공지능 애널리스트와 딜러가 광범위하게 활동하고 있다. 대기업에서는 입사지원서를 인공지능이 검토하고 있고, 영화 편집도 담당하고 있다. 감정적인 위로나 간병을 담당하는 인공지능 로봇도 있다. 배달, 변호, 재판, 회계, 청소, 건설, 수사, 기소 등 궁극적으로 모든 인간 노동이 인공지능 로봇에 의해 대체될 것이다.

이와 같이, 인공지능 발달을 중심으로 신기술 혁명이 일어나고 앞으로 가속화될 것이다. 이것은 팩트이다. 신기술 혁명이 일어남에 따라 인간 노동이 인공지능 로봇에 의해 대체되고 있고, 궁극적으로 인간 노동이 사라지는 시대가 올 것이다. 이것도 팩트이다. 인간 노동이 축소되면, 인간 노동에 기반을 두고 있는 경제, 교육, 정치, 가족 등 모든 현대 사회 시스템들이 붕괴할 것이다. 모든 현대 사회 시스템들의 붕괴는 이미 시작되었고, 앞으로 가속화될 것이다. 이것 역시 팩트이다.

인간 노동이 축소되는 시대에 현대 자본주의 체제가 지속할 수 있는가? 그것은 불가능한 일이다. 자본주의 체제가 유지되기 위해서는 끊임없는 생산과 소비의 확대가 필요하다. 자본주의 체제가 출현한 이래 생산력에서 문제가 생긴 경우는 단 한 번도 없었다. 지금까지의 경제공황은 언제나 기술혁신으로 급증한 생산을 소비가 따라갈 수 없을 때 발생했다. 지금 생산력이 급증하고 있는데, 구매력은 오히려 감소하고 있다. 생산력 증가 속도도 새로운 것이지만, 구매력 감소는 자본주의 체제가 출현한 이후 처음 경험하는 새로운 현상이다.

2008년 세계 금융위기는 이런 생산력과 구매력 간 불균형이 폭발한 것이다. 미국과 유럽을 위시한 세계 각국은 천문학적인 액수의 돈을 풀어서 위기 상황을 봉합했다. 그러나 이것은 응급조치일 뿐이지 치료는 아니다. 양적 완화의 궁극적인 목표는 고용 재창출을 통한 구매력 증대였지만, 아무리 많은 돈을 쏟아부어도, 신기술 혁명이 진행되고 있기 때문에 고용 재창출과 구매력 증대는 불가능한 것이다.

일자리 감소로 세입이 줄어들고 있는데, 경제 위기에 대처하기 위해서는 막대한 재정을 쏟아부어야 하기에 세계 모든 국가의 재정 상태는 심각하게 취약해져 있는 상황이다. 경제 위기에 대처할 수 있는 국가 능력은 약화되어 있는 상태에서 1차보다 더 강한 2차, 3차 경제 위기가 찾아왔을 때, 결국 자본주의 체제는 붕괴할 수밖에 없고, 자본주의 체제 붕괴와 더불어 국가 부도로 모든 현대 국가 붕괴도 현실화될 것이다.

현대 교육도 붕괴 과정을 겪고 있다. 현대 교육은 현대 자본주의 체제가 필요로 하는 인력 양성에 역점을 두고 있다. 그런데 신기술 혁명의 결과로 예전만큼 인력이 필요하지 않다. 이에 따라서 인력시장에서 수요와 공급 사이에 구조적인 불균형이 발생한다. 그 결과로, 직업 교육을 받은 청년들의 실업이 범세계적으로 증대하고 있고, 또한 노동조건의 악화도 심화되고 있다.

학교는 열심히 일꾼을 배출하고 있지만, 사회는 점점 더 일꾼을 필요로 하지 않는다. 조선 말 양반 자제들은 어릴 때부터 열심히 과거시험을 준비했다. 그런데 어느 날 과거제도가 폐지되었다. 결국 성균관, 향교, 서원, 서당 등 과거시험을 준비하는 모든 조선 교육기관들은 문을 닫았다. 현대 교육은 현대 경제나 정치와 마찬가지로 새롭게 도래하는 인공지능 시대와의 전쟁을 벌이고 있다. 사회는 일꾼을 점점 덜 필요로 하는데, 대학은 과거보다 일꾼을 배출하는 데 더 혈안이 되어 취업훈련소와 같은 곳으로 변모하고 있다. 현대 교육기관의 미래는 무엇일까? 모두 문을 닫는 것이다.

지금도 신기술 혁명의 결과로 생산력은 과거 어느 시기보다 빠른 속도로 증가하고 있다. 그런데 인간 노동의 감소로 노동자에게 주어지는 이윤의 분배가 축소됨으로써 구조적인 구매력 감소 현상이 발생하고 있다.

'신기술 혁명이 일어날 것인가 아닌가', '인간 노동이 축소될 것인가 아닌가', '현대 사회 시스템들이 붕괴될 것인가 아닌가' 하는 것은 인류의 선택이 아니라 지금 일어나고 있는 필연적인 사회변동이다. 인류의 선택은 '이런 필연적인 변화에 어떻게 대응할 것인가' 하는 것이다. 이런 필연적인 변화에 '창조적으로 대응할 것인가' 아니면 '파괴적으로 대응할 것인가' 하는 것이 인류의 선택이다.

그렇다면 지금 인류는 이런 필연적인 변화에 어떻게 대응하고 있는가? '파괴적인 대응'으로 일관하고 있다. 붕괴하고 있는 현대 사회 시스템들을 복구하고자 하는 불가능하고 파괴적인 노력을 기울이고 있다. 변화에 대응하는 현 인류의 모습을 보면, 19세기 말 대원군과 유학자를 떠올리게 된다. 그들 역시 시대 변화에 역행하는 파괴적인 대응을 했고, 결국 조선은 일본 식민지로 전락했다.

조선 말 유학자와 현 인류의 공통점은 무엇인가? 그것은 새로운 시대와 조화를 이룰 수 없는 낡은 세계관에 고착되어 있다는 것이다. 조선 말 유학자들은 낡은 유교 세계관에 고착되어 있었고, 현 인류는 낡은 현대 세계관에 고착되어 있다. 그들 눈으로 보면, 조선 유교 사회 시스템이 붕괴되는 것도, 현대 사회 시스템이 붕괴되는 것도, 모두 '세상이 망하는 것'이다.

과연 서구 중세사회가 붕괴하는 것이 '세상이 망하는 것'이었을까? 17~18세기 계몽사상가들의 해석은 조선 말 유학자나 현 인류의 해석과는 판이한 것이었다. 새 시대[현대]의 눈으로 볼 때, 중세사회의 붕괴는 망해야만 할 것이 망하는 멋진 일이었다. 비합리적인 신분제도나 왕정, 절대적인 빈곤, 전염병의 창궐, 수많은 자연재해, 미신, 자의적인 권력 행사, 부자유 등과 같이 무너져야만 하는 것이 무너지는 것이었으며, 암흑시대의 붕괴일 따름이었다.

만일 인류가 새 시대[탈현대]의 눈으로 현대 사회 시스템의 붕괴를 바라본다면, 어떤 해석이 가능할까? 그것은 돈을 숭배하는 야만적인 자본주의 시스템의 붕괴이고, 희소자원을 차지할 수 있는 능력을 가르치는 것이 교육이라고 하는 야만적인 현대 교육 시스템의 붕괴이며, 배타적으로 자국의 이익만을 추구하는 야만적인 현대 정치 시스템의 붕괴이고, 조금 가졌다고 없는 사람들을 무시하고 괄시하는 온갖 갑질의 종말이며, 하찮은 것을 차지하기 위해 온 삶을 허비하는 야만적인 현대적인 삶의 종식이고, 하찮은 희소자원을 차지하기 위해 끊임없이 경쟁하고 싸우는 야만적인 사회관계의 종식이다. 우린 낡은 현대 사회 시스템 붕괴를 환호하면서 지켜볼 것이다.

그러나 현실을 돌아보면, 인류는 음울한 눈으로 현대 사회 시스템 붕괴를 바라보고 있다. 왜일까? 현 인류는 낡은 현대 세계관에 사로잡혀 있기 때문이다. 낡은 현대 세계관의 눈으로 보면, 현대 사회 시스템 붕괴는 세상이 망하는 것이다. 그러므로 붕괴하고 있는 현대 사회 시스템을 복구시키기 위한 필사적인 노력을 기울이게 된다.

현대 사회 시스템 붕괴의 중심에는 현대 자본주의 시스템 붕괴가 있다. 왜냐하면 자본주의 시스템이 붕괴하면, 이와 밀접히 연관되어 있는 현대 교육 시스템, 정치 시스템, 가족 시스템 등 모든 현대 사회 시스템이 붕괴할 수밖에 없기 때문이다.

현대 자본주의 시스템을 혼란에 빠뜨리고 붕괴로 몰아가는 핵심 요인은 일자리 감소이다. 그리고 일자리 감소는 인공지능 발달과 직결되어 있다. 일자리 감소가 현대 사회 시스템 붕괴의 핵이기 때문에, 현대 세계관에 고착된 현 인류는 일자리 창출을 위해 불가능하고 파괴적인 노력을 기울이고 있다.

2014년 7월 필자는 샌프란시스코에서 뉴욕까지 자동차로 미국 횡단 여행을 했다. 여행 중 지방도로 공사가 유난히 많은 것을 알았다. 도로 공사의 출발점에는 한여름 땡볕 아래 깃발을 들고 있는 사람이 있었다. 그리고 대기하던 차량을 인솔하는 패트롤카가 있었다. 도로 공사 구간마다 3명의 인력이 필요했던 것이다. 2020년 8월 강원도 여행을 했는데, 수해로 도로 한쪽이 막힌 곳이 여러 군데 있었다. 막혀 있는 도로 입구에는 사람은 없고 임시 신호등이 설치되어 있었다. 미국 도로 공사 구간마다 있던 사람 3명, 이것이 오늘날 일자리 창출의 사례이다.

미국 동부로 갔을 때, 유료 고속도로가 많았다. 그런데 하이패스 통로가 없고 모든 톨게이트에 사람이 근무하면서 통행료를 주고받았다. 미국인은 전반적으로 돈을 잘 세지도 계산하지도 못 한다. 톨게이트를 통과하는 데 긴 시간이 걸렸다. 이것 또한 일자리 창출의 사례이다. 미국은 기축통화국이어서 엄청난 돈을 찍어 이렇게 고용을 창출하고 있다.

인공지능 로봇에 맞서, 전 세계가 일자리 창출을 위해 하고 있는 일이 바로 이런 것들이다. 생산을 위한 일자리가 아니라 생산성이 낮아지더라도 '일자리를 위한 일자리' 창출이라고 하는 코미디 같은 상황이 연출되고 있는 것이다.

세계 모든 국가에서 대통령 선거가 치러질 때, 모든 정당의 대통령 후보들은 새로운 일자리 창출을 주요 공약으로 내건다. 국민들은 다른 나라의 일자리를 잘 빼앗아 올 것 같은 또는 자국의 일자리를 잘 지켜 낼 것 같은 유능(?)해 보이는 후보에게 표를 던진다. 트럼프 같은 인물이 대통령에 당선된 이유이다.

줄어든 취업 시장에서 청년들은 일자리를 차지하기 위한 전쟁 같은 삶을 살아가고 있다. 대학 학과를 선택하는 결정적인 기준이 '취업이 잘되는 학과인가' 여부이다. 대학을 다니는 동안에도 취업을 위해 갖가지 스펙을 쌓고, 성적을 관리하며, 취업동아리 활동을 하는 등 대학생활의 낭만이 사라진 지 오래다. 좀 더 많은 취업 준비를 하고, 대학생 신분을 연장하기 위해 대부분의 학생들은 휴학을 한다.

그러나 이렇게 힘겨운 대학 생활을 마쳐도, 그들을 기다리고 있는 것은 재학 시절보다 더 힘겨운 현실이다. 일자리 수요와 공급의 불균형은 구조적인 것이고, 불균형은 시간이 갈수록 심화될 수밖에 없어서, 구직 희망자는 을의 위치에 설 수밖에 없다. 그래서 그들은 고통스럽게 취업을 위한 노력을 기울이지만, 취업이 되건 안 되건 그들은 고통받는다.

취업에 실패한 청년실업자들이 겪는 고통은 새삼 설명이 불필요하다. 문제는 취업을 한 사람들도 고통을 받는다는 것이다. 일자리의 수요공급 불균형은 근무조건 악화를 초래한다. 그들은 임금과 근무시간 등에서 과거보다 악화된 조건 속에서 근무해야 하고, 많은 취업자는 출발부터 비정규직으로 근무를 시작하게 된다. 또한 고용불안정이 그들을 괴롭힌다.

필자는 7년 반 동안 시간강사 생활을 하다가 당시 대학 취업 연령

제한선인 40살에 가까워서 겨우 대학에 취업했다. 그런데 대학 취업 직후부터 지금에 이르기까지 필자가 속한 학과의 폐과 위험에 직면해서 전전긍긍하는 직장생활을 해야 했다. 지금 그리고 앞으로 새로운 직장인들이 맞아들여야 할 상황은 필자보다 더 각박한 것이 될 것이다.

이와 같이 개인적인 차원에서도 국가적인 차원에서도 현 인류는 일자리 전쟁을 벌이고 있다. 낡은 현대 세계관의 일부인 낡은 현대 노동관이 현 인류의 의식을 여전히 지배하고 있기 때문에, 실업자가 되는 순간 우리는 '쓸모없는 인간'으로 전락하는 것이다. 그러나 지금도 신기술 혁명은 빠른 속도로 진행되고 있고, 인공지능 로봇이 인간 일자리를 대체해 가고 있다. 상황이 이럴수록, 개인도 국가도 더 필사적이 된다. "멕시코와의 국경에 장벽을 세워 여러분의 일자리를 지키겠습니다!" 트럼프는 이렇게 공약하고, 대통령이 되었다.

인공지능 발달을 중심으로 하는 신기술 혁명은 빠른 속도로 일어나고 있고, 앞으로 훨씬 더 빠른 속도로 일어날 것이다. 신기술 혁명이 진행됨에 따라 모든 현대 사회 시스템들이 붕괴할 것이고, 이미 그 붕괴는 시작되었다. 그런데 안타깝게도 인류는 낡은 현대 세계관에 고착되어 있다. 낡은 현대 세계관의 관점에서 보면, 현대 사회 시스템의 붕괴는 '세상이 망하는 것'이다. 그러므로 현대 사회 시스템을 복구시키고자 하는 불가능하고 파괴적인 노력을 기울인다. 이것이 바로 낡은 현대 세계관과 새로운 탈현대 신기술 간의 거대한 문명 충돌이며, 현 문명 위기의 본질이다.

낡은 현대 세계관과 새로운 탈현대 신기술 중 하나가 사라져야만 문명 충돌이 멈출 수 있다. 그런데 신기술 혁명은 사라질 수 없는 것이고, 사라져서도 안 된다. 사라져야 할 것은 새로운 탈현대 신기술이 아니라 낡은 현대 세계관인 것이다.

낡은 현대 세계관을 폐기하는 것, 그리고 새로운 탈현대 세계관으로의 전환을 이루는 것, 이것이 현 인류에게 주어진 막중한 과제이다. 이를 위한 첫걸음은 탈현대 세계관을 구축하는 것이다. 이것이 바로 지금 이 책이 장자에 주목하는 이유이다.

『장자』는 이천사백 년 전 전현대 사회의 완성을 위해 쓰인 책이 아니다. 현대를 위해 쓰인 책도 아니다. 『장자』는 인류의 현재와 미래를 위해 쓰인 책이다. 왜냐하면 『장자』는 전현대 세계관이나 현대 세계관이 아니라 탈현대 세계관의 보고이기 때문이다.

이것이 이 책이 "인공지능 시대는 장자 사상을 필요로 한다"고 선언한 이유이다. 이 책은 장자 사상에서 인류의 새로운 미래 건설을 위해 필요한 자원들을 추출하고 가공해서, 멋진 신문명 건설의 기둥으로 삼고자 한다.

2. 장자는 인공지능 시대를 기다려 왔다

신기술 혁명이라는 하나의 바퀴만으로 탈현대로 나아갈 수 없듯이, 장자 사상이 품고 있는 탈현대 세계관이라는 하나의 바퀴만으로도 탈현대로 나아갈 수 없다. 장자 사상은 결코 장자 당대를 위한 것이 아니었고, 현대를 위한 것도 아니다. 장자 사상은 탈현대라는 인류의 미래를 위해 준비된 사상이고, 장자가 깊고 오랜 잠에서 깨어나 활동하기 위해서는 인공지능 시대라는 새로운 시대를 기다려야만 했다.

장자 사상이 펼쳐진 것은 이천사백 년 전이지만, 그때 이후 한 번도 장자 사상이 구현된 사회는 없었다. 왜일까? 장자는 한겨울에 피어난 꽃이었기 때문이다. 시대가 장자를 맞이할 준비가 되지 않았기 때문이다. 장자가 이천사백 년이란 긴 세월을 기다려야만 했던 이유는 다음과 같다.

인류 문명의 역사에서 대부분을 차지하는 것은 전현대 문명이다. 문명의 역사를 대략 8,000년으로 잡는다면 7,800년 정도가 전현대 문명에 해당한다. 전현대 문명은 농업에 기반을 둔 사회이다. 자연히 농촌 마을이 중심이 된다. 그래서 농촌 마을 구성원들이 긴밀하게 결속하고, 원활한 질서를 이루는 것이 중요하다. 장자 사상은 이에 기여할 수 있는가? 없다.

장자 사상의 본질은 에고의 껍질을 깨고 '참나'의 대자유를 구가하는 것이다. 그러나 전현대 사회가 필요로 한 것은 집단 에고를 강화시키는 것이었다. 특정 집단의 구성원들이 자신의 소속 집단의 안녕을 위해 자신을 헌신하는 심성을 배양해야만 했던 것이다.

농촌 지역에 뿌리를 내리고 있는 대가족 공동체가 원활하게 작동하기 위해서는 자녀들의 효심을 고양시켜야만 했고, 여성들이 가족을 위해 자신을 헌신하는 것이 필요했다. 또한 가장들에게는 고도의 책임감과 가족 구성원에 대한 배려심이 요구되었다. 가족원들 간의 우애가 강조되었다.

전현대 사회에서 가족 다음으로 중요한 공동체는 농촌 마을공동체였다. 때로 이 둘은 구분되지 않기도 했다. 마을 구성원들 간에는 서로 간 협력이 강조되었다. 전현대 사회에서는 농사를 지을 때, 집을 짓고 수리할 때, 저수지나 제방을 만들거나 수리할 때, 마을의 공동 시설을 만들 때 등과 같이 서로 간 협력이 필요한 일이 많았다. 이럴 때마다 마을 구성원들은 서로 협력했고, 이를 어길 시에는 강한 제재가 뒤따랐다.

전현대 사회에서는 이웃이 어려운 일을 당하면 도울 것이 강조되었다. 전현대 사회는 자연의 위협으로 곤란을 겪을 때가 많았다. 전염병의 유행, 홍수나 가뭄으로 인한 기근, 태풍이나 지진으로 인한 재해, 혹한이나 혹서로 인한 재해 등과 같은 자연재해를 겪을 때나 외부 세력 침입 등으로 인한 재난을 겪을 때, 어려움에 처한 이웃을 돕는 것이 규범으로 강제되는 경우가 많았다. 그리고 혼사나 장례같이 큰일을 치를 때도 이웃 간 상부상조가 강조되었다.

전현대 사회에서 자신이 속한 집단 전체가 위험에 처했을 때는 집단을 위해 자신을 희생하는 윤리가 강조되었다. 2차 세계대전 당시 자살공격을 감행한 가미카제 특공대는 전현대 사회의 이런 측면을 잘 보여 주는 사례이다. 자신의 소속 집단이 존망 위협에 처하게 되면 목숨을 바쳐서라도 집단을 구할 것이 그들에게 요청되었다. 임진왜란 때 이름 없는 의병이나 이토 히로부미를 사살한 안중근 의사 등 이런 사례는 풍부하다.

전현대 사회는 위계적인 사회이고, 연장자와 상급자에 대한 복종 윤리와 연소자와 하급자에 대한 돌봄 윤리가 많이 발달되었다. 수평적인 관계에서의 윤리보다 상하 간 위계 윤리가 발달했었다. 상급자에 대한 불복종은 용납되지 않았고 심한 처벌을 받았다. 지역에 따라 다소 차이가 있지만, 상급자들의 하급자들에 대한 보살핌 역시 강조되었다.

사회통합을 해치는 개인적인 이해 추구는 엄격하게 규제되었다. 대부분 전현대 사회에서는 사사로운 이익 추구 자체를 부정적인 시각으로 바라보았다. 조선 사회 신분서열은 사농공상(士農工商)이었는데, 상인을 가장 하위에 둔 것은 그들 직업의 본성이 개인 이익을 추구하는 것이기 때문이었다. 서구 중세사회에서도 이윤 추구에 대한 부정적인 인식이 강했고, 특히 고리대금업자 같은 경우에는 천민으로 인식되었다. 오늘날 유대인은 금융업에서 뛰어난 재능을 보이는데, 거기에는 과거 이탈리아에서 박해받던 유대인에게 오직 천시당하던 고리대금업만이 허용되었던 탓도 있을 것이다.

전현대 사회가 안정적으로 유지되기 위해서는 위에서 논의한 바와 같이 자신의 소속 집단을 우선하는 윤리가 필요했다. 장자 사상은 이런 시대의 요구에 부응할 수 있었을까? 물론 부응할 수 없었다. 이것이 전현대 사회에서 장자 사상이 주도적인 사상이 될 수 없었던 하나의 원인이다.

더군다나 지구상 모든 전현대 사회는 생산력이 낮아 잉여생산이 아주 제한적이었다. 그래서 인구의 절대다수는 전 생애에 걸쳐 혹독한 노동에 시달려야 했다. 그들에게는 먹고사는 문제를 해결하는 것만도 힘에 벅찬 일이었다. 가혹한 노동으로 혹사당하는 대중이 장자 사상에 관심을 갖는다는 것은 근원적으로 불가능한 일이었고, 그래서 장자 사상은 대중들에게 확산될 수 없었다.

그 결과, 장자 사상은 도교로 변질되었다. 흔히 노자(老子)와 장자 사상이 훗날 도교(道教)로 전승된 것으로 생각하지만, 이름만 도가와 도교일 뿐 그 본질을 보면 양자는 전혀 다르다. 특히 장자의 경우 도교와는 아무런 실제적인 연관이 없다. 도교란 중국 민간에 전승되어 오던 신선 사상과 영생불사에 대한 인간 욕망이 결합해 출현한 것이다.

이와 같이, 장자 사상과 전현대 사회는 전혀 친화력을 갖고 있지 않았다. 그렇다면 장자 사상은 현대 사회와는 친화력이 높을까? 그렇지 않다. 현대 사회에 이르러서도 장자 사상은 주변적인 사상의 하나로 머물렀다. 왜일까? 현대인의 삶의 목표는 자신의 에고를 더 크고 높게 만드는 것이다. 그런데 장자 사상의 본질은 '에고로부터의 탈피'를 주창하는 사상이다. 그러므로 장자 사상이 현대 사회에서 주류가 될 수 없었던 것이다.

현대의 출발점은 '자신을 둘러싸고 있는 세계로부터 분리된 개체[에고]'로서의 인간 인식이다. 르네상스 휴머니즘과 종교 개혁을 거치면서, '자신이 속한 집단으로부터 미분화된 소속 집단의 일원[집단 에고]으로서의 인간'이라고 하는 전현대 인간관은 '분리된 개체[개별 에고]로서의 인간'이라고 하는 현대 인간관으로 전환되고, 이는 현대 사회 건설의 기반이 된다.

인간을 '분리된 개체'라고 전제했을 때, 그 이전까지 자신의 소속 집단의 일원으로서의 인간, 즉 전현대인이 갖고 있었던, 존재의 안정성이 사라진다. 현대적인 관점에서 보면, 인간은 자신이 태어난 순간부터 죽는 순간까지만 존재하는 유한하고 불안한 존재이다. 죽는 순간, 나는 무(無)가 된다. 이것이 왜 J. P. 사르트르(Jean-Paul Sartre, 1905~1980)가 『존재와 무』라는 제목의 역작을 발표했는가에 대한 이유이다. 현대 인간관을 갖는 순간, 인간은 '존재론적인 불안감'을 갖게 된다.

또한 현대 인간관은 존재론적인 무의미감과 무력감을 발생시킨다. 영원한 시간과 무한한 공간과 대비해 보았을 때, 나는 어떤 존재인가? 나는 바다 위에 끊임없이 생겨났다 사라지는 하나의 물거품 같은 존재이다. 시간적으로 보면 찰나적인 존재이고, 공간적으로 보면 미소한 존재이다. 한마디로 나는 무의미한 존재이다. 이 광활한 세상에서 나는 있으나 마나 한 존재이다. 오늘 밤 내가 죽는다고 해도 지구촌 반대편 세상에서는 나의 죽음을 알아채지도 못 할 것이다. 그러므로 현대 인간관을 갖고 있는 현대인은 존재론적인 무의미감을 갖게 된다.

현대인은 존재론적으로 무력한 존재이다. 이 세상은 거대하다. 그리고 나는 미소하다. 거대한 세상은 미소한 내 운명을 희롱할 수 있다. 그러나 미소한 나는 거대한 세상에 대해 어떤 영향을 미칠 수 없다. 그러므로 현대인은 존재론적인 무력감을 갖게 된다.

현대인이 갖고 있는 존재론적인 불안감, 무의미감, 무력감이 결국 자아확장투쟁으로서의 삶을 낳게 된다. 불안감, 무의미감, 무력감은 고통스러운 것이기 때문에, 필연적으로 현대인은 이런 감정에서 벗어나려고 하는 강박적인 노력을 기울이게 되며, 자아확장투쟁을 통해 자신을 지금보다 더 크고 더 높고 더 대단한 존재로 만듦으로써, 그는 존재론적인 불안감을 벗어나 자신을 안정된 존재로 인식하고자 하고, 무의미감을 벗어나 자신을 의미 있는 존재로 인식하고자 하며, 무력감을 벗어나 자신을 힘 있는 존재로 만들고자 하는 것이다. 이렇게 해서 현대인의 삶은 자아확장투쟁으로서의 삶의 형태를 갖게 된다.

이런 의미에서 현대적인 삶을 시작한 집단은 초기 개신교도들이었다. J. 칼뱅(Jean Calvin, 1509~1564)은 절대자로서의 신과 미소한 존재로서의 인간이라는 구도를 만들어 냈다. 예정설을 통해, 인간은 태어나기 이전부터 자신의 구원 여부가 절대자인 신에 의해 결정되어 있음을 주장했다. 자기 운명의 전권을 갖고 있는 절대자인 신 앞에서, 인간은 지극히 미소한 존재였다. 인간은 심각한 불안감, 무의미감, 무력감을 경험했다.

　개신교 사회가 가톨릭 사회보다 더 빠른 현대화를 이룬 것은 전혀 이상한 일이 아니다. 북아메리카 대륙, 그중에서도 미국은 개신교 중에서도 극단인 청교도들에 의해 건설되었다. 이에 반해, 남아메리카 대륙은 스페인과 포르투갈 구교도들이 진출했다. 남북 아메리카 대륙은 자연환경이나 자원의 측면에서 볼 때, 현저한 차이는 없는 것 같다. 그러나 현대화 속도에서 보면, 남북 아메리카 대륙은 엄청난 차이를 보인다. 양 대륙의 가장 중요한 차이점은 개신교와 가톨릭이라고 하는 종교 차이이다.

　개신교도들은 절대자인 신 앞에서 심각한 불안감, 무의미감, 무력감을 갖고 있었고, 강박적으로 자아확장투쟁으로서의 삶을 살아갈 수밖에 없었다. 자아확장투쟁의 가장 강력한 형태가 바로 '노동'이다. 노동을 통해 의미 있는 존재가 되고, 부를 축적할 수 있기 때문이다. 사회에서 인정받는 훌륭한 노동자가 되는 것은 나를 크게, 높게, 대단하게 만드는 가장 효과적인 통로였기 때문이다. 바로 이런 이유에서, 개신교는 현대 노동관의 원천이 되었다.

　현대 노동관이란 '참된 노동을 통해 인간의 인간적인 본질을 실현한다'라고 하는 생각을 골자로 하는 것으로, 노동에 긍정적이고 궁극적인 의미를 부여하는 노동에 대한 현대의 독특한 관점이다. 동서양을 막론하고, 인류의 노동에 대한 태도는 부정적이고 소극적인 것이었다. 노동은 가능하면 회피하고 싶은 것이었고, 고통스러운 활동으로 간주되었다. 대부분의 황금시대에 대한 전설은 '고통스러운 노동을 하지 않고서도 풍요로운 경제적인 삶을 누리는 사회'의 모습을 포함하고 있다.

『구약 성경』「창세」3장 〈인간의 죄와 벌〉에서 하느님은 뱀의 꼬임에 빠져 선악과를 따 먹은 아담을 에덴동산에서 추방하면서 이렇게 말했다.

네가 아내의 말을 듣고, 내가 너에게 따 먹지 말라고 명령한 나무
에서 열매를 따 먹었으니,
땅은 너 때문에 저주를 받으리라.
너는 사는 동안 줄곧
고통 속에서 땅을 부쳐 먹으리라.
땅은 네 앞에 가시덤불과 엉겅퀴를 돋게 하고
너는 들의 풀을 먹으리라.
너는 흙에서 나왔으니
흙으로 돌아갈 때까지
얼굴에 땀을 흘려야
양식을 먹을 수 있으리라.
너는 먼지이니
먼지로 돌아가리라.

(성경, 2005: 5-6)

죄를 저지른 아담에 대한 하느님의 처벌의 요점은 '평생 땀 흘려 노동해야 하는 고통'이다. 구약 성경에 나타난 고통스러운 활동으로서의 노동에 대한 관념은 물론 유대 사회에만 국한된 것이 아니었다. 이것은 전현대 사회 전반에 걸쳐 인류가 갖고 있던 노동관이었다.

노동에 대한 전통적인 관념에 혁명적인 변화를 초래한 장본인이 바

로 M. 루터(Martin Luther, 1483~1546)나 칼뱅 등의 종교 개혁가들이다. 이들은 생산을 위한 노동 활동에 종교적인 의미를 부여했다. 루터는 수도원에서 기도만 하며 무위도식하던 수도사들을 통렬하게 비판했다. 수도원 생활은 무가치하며 세속적 의무에서 도피하는 이기주의의 산물이라고 했다. 그는 세속적인 노동과 직업 활동이야말로 이웃 사랑의 표현이자 신의 뜻에 부합하는 가장 숭고한 인간 활동이라고 하는 혁명적인 주장을 펼쳤다. 모든 현세적 직업은 신이 부여한 성스러운 소명이다. 그러므로 모든 직업은 신 앞에서 완전히 평등하다고 그는 말했다(신준식, 1994: 120-123).

루터의 노동관은 칼뱅의 교리를 통해서 더욱 견고해졌다. 그는 예정설을 통해서 자신의 직업 활동에 전념하는 것이야말로 신의 영광을 지상에 빛나게 하는 성스러운 활동이며, 그 결과로 얻어진 직업적 성공을 구원의 증거로 간주할 수 있다고 했다(신준식, 1994: 127). 이런 개신교 교리의 영향을 받아서, 생산 활동을 기피하는 명상적인 삶은 윤리적인 비난을 받게 되었다. 반면에, 경제 활동이나 정치 활동을 포함해서 현세적인 삶이야말로 신의 영광을 지상에 실현시켜 나가는 가장 고귀한 활동으로 커다란 의미를 부여받게 되었다(백승대, 1990: 208-209).

이리하여 절대자로서의 신 앞에서 심각한 무력감에 빠져 있던 개신교도들은 강박적으로 노동에 몰두하게 되었다. 노동을 통한 자아확장투쟁으로서의 삶을 살아가게 된 것이다. 이들은 최초의 현대인이 되었고, 현대 문명 건설의 역군이 되었다. 남북 아메리카의 현대화 속도 비교에서 언급했듯이, 개신교 지역은 자본주의가 더 빨리 발전했고, 직업교육을 중심으로 교육도 재편되었다.

이렇듯 현대 사회의 밑바닥에는 '분리된 개체[에고]로서의 인간'이 있다. 현대 인간관이 지배하는 현대 사회에서 '잘 산다'는 말의 의미는 '자아확장투쟁에서 더 높은 곳에 올라가는 것', 즉 일류대 입학, 전문직과 같은 좋은 직업, 많은 소유와 소비, 뛰어난 외모, 인기 많은 사람, 큰 권력, 높은 지위 등을 성취하는 것이다. 좋은 사회란 욕망 충족적인 사회와 이성적인 사회를 건설하는 것이다.

장자 사상은 현대적인 의미에서 '잘 산다'는 것에 기여할 수 있을까? 없다. 장자 사상은 현대적인 의미에서 '좋은 사회' 건설에 기여할 수 있을까? 없다. 장자 사상의 관점에서 보면, 현대인이란 소외된 인간이다. 현대적인 삶이란 소외된 삶이다. 현대 사회란 소외된 사회이다. 개신교 사상과 현대가 좋은 조합을 이루었던 것과 달리, 장자 사상과 현대는 전혀 조응하지 않는다.

이것이 현대 사회에서 장자 사상이 외면받았던 근본 이유이다. 이같이, 전현대 사회에서도 현대 사회에서도 장자 사상은 한 번도 주류 사상이 되지 못했다. 그 이유는 무엇인가? 장자 사상은 전현대 사회나 현대 사회가 필요로 하는 것을 제공하지 못했기 때문이다. 전현대나 현대가 필요로 했던 사상은 무엇인가? 전현대 사회는 집단 에고를 실현해서 윤리적인 사회를 건설하는 데 기여할 수 있는 사상을 필요로 했고, 현대 사회는 개별 에고를 실현해서 이성적이고 욕망 충족적인 사회를 건설하는 데 기여할 수 있는 사상을 필요로 했다. 그러나 장자 사상은 '참나'가 실현된 미래 사회에 기여할 수 있는 사상이다.

장자 사상이 꽃피기 위해서는 인공지능 시대의 도래를 기다려야만 했다. 인공지능 시대는 '참나'의 실현에 기여할 수 있는 새로운 사상을 필요로 한다. 왜냐하면 인류가 여전히 에고에 갇혀 있고, 그래서 계속

해서 자아확장투쟁에 몰두한다면, 문명은 파멸에 이를 것이 자명하기 때문이다.

인류가 아직까지도 현대 세계관에 고착되어 있기 때문에 문명 위기는 고조되고 있다. 가장 단적인 사례가 인공지능이라고 하는 새로운 기술과 낡은 현대 노동관 간의 충돌이다. 인공지능이 발달하면, 모든 인간 노동을 인공지능 로봇이 대체할 것이다. 왜냐하면 인공지능은 특정 영역에서 인간보다 탁월한 능력을 갖고 있기 때문이다. 알파고가 이세돌과 커제를 이기는 것에서 보았듯이, 인공지능이 특정 영역에서 인간을 앞서는 일은 이미 벌어지기 시작했고, 결국 모든 영역에서 인간을 현저하게 앞서게 될 것이 분명하다.

이것은 무엇을 의미하는가? '노동 없는 세계'의 출현을 의미한다. '노동 없는 세계!', 이것은 인류 문명이 시작하면서부터 꿈꾸어 온 이상향이며, 과거에는 오직 소수의 지배계층만이 누릴 수 있는 특권이었다. 그러나 '참된 노동을 통해 인간의 인간적인 본질을 실현한다'는 생각, 새로운 시대와 도저히 공존할 수 없는 낡은 현대 노동관의 관점에서 보면, '노동 없는 세계'의 출현은 대재앙이다.

19세기 초 러다이트 운동에서 기계 파괴에 나섰던 영국 중북부 직물공업지대의 숙련노동자들처럼, 현대인은 일자리가 사라져 가는 새 시대에 격분하고 있다. 그리고 줄어드는 일자리를 차지하기 위한 치열한 경쟁과 갈등이 벌어지고 있다. 젊은이들도 중년들도 노인들도 일자리를 차지하는 일에 혈안이 되어 있다. 강대국은 약소국의 일자리를 빼앗아 자국 국민들에게 배분하는 일을 주저하지 않고 있다.

이것은 얼마나 블랙 코미디와 같은 상황인가! 19세기 초 숙련노동자들은 말한다. '기계가 우리의 일자리를 빼앗아 간다!' 현대인은 말한다. '인공지능 로봇이 우리의 일자리를 빼앗아 간다!' 인공지능 시대의 도래로 인류는 노동의 고통 없이 경제적으로 풍요로운 삶을 누릴 수 있는 새로운 시대로 진입하고 있다. 그러나 낡은 현대 노동관과 낡은 현대 노동관의 바탕 위에 만들어진 낡은 현대 사회 시스템의 건재가 멋진 신세계로의 진입을 가로막고 있다.

우리는 인공지능 시대를 뒤로 되돌려야 할 것인가 아니면 낡은 현대 노동관과 현대 사회 시스템을 폐기해야 할 것인가? 인공지능 시대를 되돌리는 것은 가능하지도 않고 바람직하지도 않다. 기술 발전이란 불가역적인 것이기 때문에 뒤로 되돌릴 수 없고, 인공지능은 미래의 멋진 신세계의 기술적인 기초가 될 것이기 때문에 되돌리는 것은 바람직하지도 않다.

우리가 폐기해야 하는 것은 새로운 기술이 아니라 낡은 현대 노동관과 현대 사회 시스템이다. 이같이, 현대 노동관을 비롯한 현대 세계관은 오늘날 문명 위기를 증폭시키고 있는 범인이며, 인류가 미래 새로운 문명으로 나아가는 것을 불가능하게 만드는 원천이다. 인공지능 시대는 현대 이후의 새로운 세계관을 절실히 갈망하고 있다. 탈현대 세계관을 풍부하게 내장하고 있는 장자 사상은 이천사백 년 동안 자신을 간절히 필요로 하는 인공지능 시대를 기다려 온 것이다.

인공지능 시대를 맞이하여 장자 사상은 인류에게 과연 무엇을 선물할 수 있는가? 그 선물 목록을 이 책에서 서술해 보도록 하겠다.

1부

현대-악몽 속의 삶과 사회

한때 현대는 가슴 벅찬 미래였다.

프랑스 대혁명, 거리에 나선 시민들은 압제가 사라진 이성적인 세상을 만들 수 있다는 꿈에 부풀어 있었다.

마담 퀴리와 같은 과학자나 에디슨과 같은 발명가는 그 시대의 스타였으며, 이들의 분투로 편리하고 멋진 세상이 오게 되리라고 인류는 믿었다.

그러나 지금 현대는 깨어나야만 하는 악몽이 되었다.

오늘날 인류는 과거 어느 때보다 호사로운 삶을 누리고 있지만, 민주적인 제도의 보호를 받고 있지만, 인류는 무척 불행하며, 울분에 차있다.

과거 택시 운전사는 열심히 일하면, 가족들과 함께 행복하게 살고 돈도 조금 모을 수 있었다.

아동복 가게를 운영하는 장사꾼은 명절 때가 되면 가게가 미어터지게 손님들이 모여들었다.

공장에서 일하는 노동자도 회사원도 야근에 시달리며 힘들었지만, 그래도 회사의 성장과 더불어 자신의 지위도 봉급도 올라갔다.

그런데 이제 모든 일이 틀어져 버렸다.

열심히 노력하지만, 절망감과 울분이 가슴을 채운다.

오늘날 대학생들은 열심히 취업을 준비하지만 취업문은 해가 갈수록 좁아지고 있다.

역 광장에는 승객을 기다리는 택시들이 장사진을 치고 있다.

자영업자들은 아무리 노력해도 적자만 늘어나고 결국 문을 닫는다.

힘들여 은행에 입사했지만, 늘 구조조정의 불안에 시달린다.

지금 인류는 울분에 차 있다.

미국의 몰락한 하류층들은 인종 증오범죄를 저지른다.

강대국은 약소국의 일자리를 빼앗아 간다.

모든 나라에 국수주의적인 정권이 들어선다.

국가 간의 분쟁은 더욱 치열해진다.

인류는 외친다.

"이게 모두 저놈의 컴퓨터 때문이야!"

그러나 장자는 말한다.

"이제 인류는 알에서 깨어나 새가 되어 하늘로 비상할 때가 되었어.

지금 인류가 겪고 있는 고통은 알에서 깨어나기 위한 것이야.

너는 연작(燕雀)에 불과한 하찮은 존재가 아니란다. 너는 붕(鵬)이야."

I. 장자와 현대적인 삶에 대한 비판

장자는 말한다.

"현대의 악몽에서 깨어나라!"

"네가 하찮은 존재라는 어리석은 생각에서 벗어나라!"

'내가 시공간적으로 세계와 분리된 고립적인 개체'라고 하는 현대가 만들어 낸 이상한 생각, 그리고 인공지능 시대와 도저히 조화를 이룰 수 없는 낡은 생각, 현 인류는 여전히 이 낡고 폐기해야 할 생각에 강하게 고착되어 있다.

이 생각을 꼭 껴안고 현대인은 고통의 불구덩이 속으로 뛰어들고 있다.

고개만 한번 돌리면, 나는 의미로 충만해 있는 위대한 존재인데, 현대인은 굳이 자신을 하찮은 존재라고 한정하고서, 개인적으로는 불행과 고통을 겪고, 사회적으로는 문명 위기를 증폭시키고 있다.

현대인의 삶에 대한 장자의 평가는 이렇다.

'아! 참! 이상하다!'

1. 연작의 삶을 살다

'시공간 속에 갇혀 있는 분리된 개체'로 나를 규정하는 순간, 자아확장투쟁으로서의 삶이 필연적으로 전개된다. 현대인은 자신이 하찮은 존재라고 규정하기에, 필연적으로 자신을 의미 있는 존재, 쓸모 있는 존재로 만들기 위해 매진하는 삶을 살아간다. 이것이 바로 자아확장투쟁으로서의 삶이다. 현대인은 무의미한 존재, 쓸모없는 존재가 되면 어쩌나 하는 두려움 속에서 살아간다. 그래서 강박적으로 성공과 승리를 향해 분주한 발걸음을 옮긴다.

장자의 눈으로 보면, 자아확장투쟁으로서의 현대적인 삶이란 '자신이 하찮은 존재'라고 하는 잘못된 전제에서 비롯된 소외된 삶이다. 자아확장투쟁으로서의 삶이란 소중한 삶의 낭비로서의 삶이며, 자신을 망칠 뿐만 아니라 주변 사람과 세상을 황폐하게 만든다.

1) 쓸모없는 존재가 되면 어쩌나

『장자』「인간세(人間世)」편에는 이런 일화가 나온다. 목수 무리인 장석(匠石) 일행이 제(齊)나라로 가는 길에 곡원(曲轅)에 이르러 그곳 토지신을 모신 사당 곁에 서 있는 거대한 상수리나무를 보았다.

그 크기는 수천 마리의 소를 가릴 정도이며, [굵기는] 재어 보니 백 아름이나 되고, 그 높이는 산을 내려다볼 정도이며, 여든 자쯤 되는 데서 가지가 나와 있었다. 그 가지도 배를 만들 수 있을 정도의 것이 수십 개

나 되었다.[1]

구경꾼들이 장터처럼 모여 그 나무를 구경하고 있었는데, 장석은 그 나무를 거들떠보지도 않고 지나쳐 버렸다. 이를 의아히 여긴 한 제자가 물었다.

저는 도끼를 잡고 선생님을 따라다니게 된 뒤로 이처럼 훌륭한 재목은 아직 본 적이 없습니다. [그런데] 선생님께선 거들떠보지도 않고 그대로 지나쳐 버리시니 어찌 된 일입니까?[2]

이에 장석이 이렇게 대답했다.

그만, 그런 소리 말게. [그건] 쓸모없는 나무야. [그것으로] 배를 만들면 가라앉고, 널을 짜면 곧 썩으며, 기물을 만들면 곧 망가지고 문을 만들면 진이 흐르며, 기둥을 만들면 좀이 생긴다. [그러니] 저건 재목이 못되는 나무야. 아무 소용도 없으니까 저처럼 오래 살 수 있었지.[3]

---

1 『莊子』, 「人間世」, "其大蔽數千牛 絜之百圍 其高臨山 十仞而後有枝其可以爲舟者旁十數". 『장자』 번역에는 안동림(1993)의 번역본을 참고했음.

2 『莊子』, 「人間世」, "自吾執斧斤以隨夫子 未嘗見材如此其美也 先生不肯視行不輟,何邪".

3 『莊子』, 「人間世」, "已矣 勿言之矣 散木也 以爲舟則沈 以爲棺槨則速腐 以爲器則速毀 以爲門戶則液橫 以爲柱則蠹 是不材之木也 無所可用 故能若是之壽".

현대인이 자신과 세계를 바라보는 눈은 장석을 닮아 있다. 현대인은 쓸모 있는 존재가 되기 위해 노력한다. 또한 쓸모없는 존재가 될 것을 두려워한다. 오늘날 노인들의 한탄과 불행은 자신이 이젠 쓸모없는 존재가 되어 버렸다는 인식에 근거한다. 때로는 늙은 나이에도 일자리를 구하러 다니는 노인들을 어렵지 않게 발견할 수 있다.

20년쯤 전에 신문에 이런 제목의 기사가 실렸다. "쓸모없는 비곗덩어리를 제거해야 한다." 공기업이 활력을 되찾기 위해서는 무위도식하는 상급직원에 대한 강한 구조조정을 해야 한다는 내용의 기사였다. 그 기사를 보고, 누나가 아주 심하게 화를 냈다. '아니, 수십 년을 회사에 헌신한 사람을 비곗덩어리에 비유하다니!' 자형은 공기업 상급직원이었다.

요즘 청년들은 대학을 졸업하고도 취업을 하지 못하는 경우가 많다. 그들은 세상으로부터 따가운 눈총을 받는다. 스스로도 자신을 하찮게 여긴다. 집안에서나 집 밖에서나 천덕꾸러기 신세다. 청년실업 상태에 있는 사람도, 비곗덩어리에 비유되는 공기업 상급직원도, 노인들도, 이젠 자신이 쓸모없는 존재가 되었다는 생각에 고통받는다. 세상이 그들을 바라보는 눈초리도 차갑다. 그러나 지금 맹렬한 속도로 신기술 혁명이 일어나고 있다. 사무원도 공장 노동자도 교사도 작곡가도 농부도 검사나 판사도 모두가 인공지능 로봇으로 대체되어 갈 것이다. 현대의 눈으로 보면, 머지않은 미래에 인류 전체가 쓸모없는 존재가 될 것이다. 그렇다면 인류 모두가 비탄에 빠져 한숨을 내쉬어야 할까?

우린 이 문제를 곰곰이 생각해 봐야 한다. 현대 문명이 쓸모 있는 사람의 노동에 의해 건설된 것은 사실이다. 개신교 금욕 윤리는 쾌락을 즐기는 것을 죄악시했고, 쾌락 추구에 사용될 에너지를 문명 건설에 전용했다. 무위도식하는 사람을 벌레 취급하면서 지탄했다. 사람들은 쓸모 있는 존재가 되기 위해 노력했고, 그 결과 현대 문명을 건설할 수 있었다.

과연 탈현대 문명도 이런 방식으로 건설될 수 있을까? 어림없는 소리다. 틱낫한 스님은 '조용하게 앉을 수 있는 사람'에 의해 탈현대 문명이 건설될 수 있다고 했다. 현대의 눈으로 보자면, 참으로 쓸모없는 사람들이 탈현대 문명 건설의 주역이 될 것이다. '아름답게 미소 지을 수 있는 사람', '누군가로부터 해코지를 당해도 허허하고 웃어넘길 수 있는 사람', '벌렁 드러누워서 뒹굴뒹굴하며 즐길 수 있는 사람.' 그러고 보니 디오게네스야말로 원조 탈현대인이 아닐까 싶다.

쓸모 있음을 추구하는 현대정신은 병적이다. 쓸모 있음을 향한 부지런한 움직임은 '자신이 쓸모없는 존재가 되면 어쩌나' 하는 불안에 근거하고 있다. 불안을 없애기 위한 강박적인 노력이 바로 쓸모 있음을 향한 움직임의 근원이다. 칼뱅과 같은 종교 개혁가들은 인간이 하찮은 존재임을 역설했다. 거기서 벗어나기 위해서는 부지런히 일해야 함을 설교했다. 강박은 정신병이며, 그러므로 현대인의 쓸모 있음에 대한 추구는 현대의 집단정신병이다.

곰곰 생각해 보면, '인간이 본래 하찮은 존재'라는 현대 인간관은 참 이상하다. 현대인은 자신이 하찮은 존재가 될 것에 대한 두려움을 품고 살아가는데, 인간이 어떻게 하찮아질 수 있단 말인가? 청년실업자가 되면, 조기퇴직자가 되면, 노인이 되면, 나는 과연 하찮아질 수 있을까? 그것은 불가능한 일이다.

길가에 굴러다니는 작은 돌멩이 하나도 결코 하찮지 않으며 하찮아질 수 없다. 장자는 말한다. '이 세상에 하찮은 존재, 하찮아질 수 있는 존재는 존재하지 않는다고…' 하물며 인간이 어떻게 하찮고 하찮아질 수 있겠는가?

우린 '모든 존재가 본래 하찮은 존재'라는 현대 문명의 주춧돌을 뽑아 내던져 버려야 한다. 그리고 허무맹랑한 생각의 바탕 위에 세워진 현대 문명이 무너져 내린 그 자리에 탈현대 문명을 건설해야 한다. 탈현대 문명의 건설자는 무의미감에 시달리는 현대의 환자가 아니라 의미로 충만한 사당 곁에 서 있는 상수리나무가 될 것이다.

2) 난 멈추지 않는다

『장자』「서무귀(徐無鬼)」편에는 이런 구절이 나온다.

지략(智略)을 일삼는 자는 변란으로 지모(智謀)를 쓸 일이 없으면 즐겁지 않고, 변설(辯舌)이 능란한 자는 제 의견을 말할 기회가 없으면 즐겁지 않으며, 엄하게 일을 살피는 자는 말다툼을 해서 상대방에게 이기지 않으면 즐겁지 않다. 이들은 모두 외물에 사로잡혀 있는 자이다. 훌륭한 인물을 불러들이는 자는 조정(朝庭)에서 이름을 드높이고, 백성을 잘 다스리는 자는 벼슬을 얻어 그 몸을 영예롭게 하며, 무력(武力)이 있는 자는 난관(難關)을 맞아 스스로를 자랑하고, 용감한 자는 화환(禍患)을 만나 분발(奮發)하며, 전략가는 전쟁을 즐기고, 산속에 숨어 사는 자는 청렴이라는 명성(名聲)을 바라며, 법률을 일삼는 자는 치세의 법망(法網)을 넓히고, 예악(禮樂)을 받드는 자는 거동의 [예의에 맞게] 공손히 하며, 인의(仁

義)를 내세우는 자는 남과의 교제를 귀히 여긴다. 농부는 밭갈이할 일이 없으면 마음이 편치 않고 상인은 장터에서 매매할 일이 없으면 편치 않다. 서민은 아침저녁의 할 일이 있으면 근면하고, 공예인은 정교(精巧)한 기계가 있으면 열심히 일한다. 재물이 쌓이지 않으면 탐욕스러운 자는 괴로워하고 권세가 왕성하지 않으면 남에게 자랑하는 자는 슬퍼한다. 세력이나 물력(物力)을 얻고 싶어 하는 이런 자들은 변란이 일어나는 것을 즐긴다.[4]

현대인은 끊임없이 무엇인가를 도모하고자 하고, 이루고자 하며, 되고자 한다. 오늘날 인공지능 로봇의 사용이 확산되면서, 사람이 해야 할 일이 줄어들자, 현대인은 오만상을 찌푸리며, 땅이 꺼져라 한숨을 내쉰다. 그리고 하이에나가 시체를 찾아 헤매듯이 일자리를 찾아 헤매고 있다.

'무엇인가를 끊임없이 해야 한다'는 현대적인 강박관념, '무엇인가 그럴듯한 존재가 되어야 한다'는 강박관념, '무엇인가를 이루어 내어야 한다'는 강박관념이 현대인을 지배하고 있다. 그리고 이런 강박관념에 사로잡혀 분주한 삶을 살아가는 현대인에 의해 지구 생태계는 급속히 붕괴되고, 문명 위기는 고조되고 있다. 만일 인류가 현대의 분주한 삶을 끝내 멈추지 못한다면, 우린 문명의 종말을 맞게 될지도 모른다.

4　『莊子』, 「徐無鬼」, "知士无思慮之變則不樂 辯士无談說之序則不樂 察士无凌誶之事則不樂 皆囿於物者也 招世之士與朝 中民之士榮官 筋力之士矜難 勇敢之士奮患 兵革之士樂戰 枯槁之士宿名 法律之士廣治 禮敎之士敬容 仁義之士貴際 農夫无草萊之事則不比 商賈无市井之事則不比 庶人有旦暮之業則勸 百工有器械之巧則壯 錢財不積則貪者憂 權勢不尤則夸者悲 勢物之徒樂變".

새 시대가 요구하는 것은 어떤 사람일까? 아무것도 도모하지 않고, 아무것도 이루고자 하지 않으며, 아무것도 되고자 하지 않는 사람이다. 침대 위에서 하루 종일 뒹굴거리면서 아무렇지도 않은 일상 속에서 새로움과 기쁨을 발견할 수 있는 사람이다. 새 시대가 요구하는 사람은 사랑의 천수답이 되어, 끊임없이 누군가로부터의 사랑과 인정을 갈구하는 사람이 아니라, 사랑의 자가발전을 할 수 있어서 자신 안에서 생겨난 기쁨과 행복을 주위 사람들에게 선물할 수 있는 사람이다.

'동작 그만!'

이것이 탈현대가 비정상적인 분주함에 빠져 있는 현대에 던지는 메시지이다. 장자는 이미 이천사백 년 전에 분주한 삶에서 헤어나지 못하는 동시대인들에게 경고 메시지를 날리고 있다. 틱낫한 스님은 "우리는 이미 집에 당도했습니다(We have already arrived at home)"라고 말한다.

우리가 잠시 생겼다 사라지는 하나의 파도가 아니라 영원하고 무한한 바다임을 자각하는 순간, 우린 더 이상 갈 곳이 없다. 우린 이미 도착해 있기 때문이다. 그래서 우린 유유하게 바다로서의 나를 즐길 뿐이다. 바다로서의 나를 즐기는 삶이 탈현대적 삶이며, 바다로서의 나를 즐기는 사람들로 구성된 사회가 탈현대 사회이다.

우리가 하찮은 하나의 파도에 불과하다는 현대의 망상에서 깨어나는 순간, 무엇을 하고자, 무엇을 이루고자, 무엇이 되고자, 강박적으로 몸부림치는 현대적인 삶도 끝나게 된다. 우린 비로소 '아무 일도 없는 세계'에 들어서게 되며, 깊은 평화로움과 끝없이 샘솟는 기쁨에 몸을 담그게 된다.

'동작 그만!'

3) 현대의 한숨

인류가 맞이할 인공지능 시대는 인간 노동이 사라진 사회이다. 인공지능 로봇이 궁극적으로 모든 인간 노동을 대신하게 될 것이다. 인공지능 시대는 모든 생산 노동뿐만 아니라 가사 노동으로부터도 해방된 사회이다. 이미 현대 사회가 성숙하면서, 인류는 과거와 비교하면 놀라울 만큼 생산 노동과 가사 노동의 고통으로부터 해방되었다.

필자에게는 누나가 여섯 명 있다. 그중 큰 자형은 미군 부대 군무원이었다. 그래서 미군 부대가 주둔하고 있는 낙동강 변에 위치한 왜관에 살고 있었는데, 큰누나는 겨울이 되면, 얼어붙은 강물을 빨랫방망이로 깨고 얼음처럼 차가운 물에 빨래를 했다. 부실한 겨울옷 속에서 몸은 엄청 추위에 떨렸고, 손은 거북등처럼 갈라져 피가 났다. 얼마나 아팠을까?

지금은 한겨울에도 수도꼭지와 샤워기에서는 뜨거운 물이 나온다. 세탁기가 알아서 빨래를 돌려준다. 과거와는 비교할 수 없이 가사 노동이 줄어들었고, 편안해졌다. 생산 노동의 영역에서도 놀라운 변화가 일어났지만, 지금 우리들에게는 더욱 놀라운 변화가 다가오고 있다. 그것은 '인간 노동'이 사라진 새로운 사회의 도래이다.

지금 지구촌에는 제4차 산업혁명이라고 명명된 신기술 혁명이 발발하고 있다. 신기술 혁명의 중심에는 인공지능의 급속한 발달이 자리 잡고 있다. 인공지능이 기계와 결합하면 인공지능 로봇이 되고, 인공지능 로봇은 인간 노동의 두 가지 요소인 '노동을 구상하는 지력(知力)'과 '실행하는 근력(筋力)'을 모두 갖고 있는데, 이 두 부분에서 모두 인공지능 로봇은 인간 노동력보다 우위에 있으며, 앞으로 인간 노동력을 압도하게 될 것이다. 이에 따라서 인공지능 로봇이 인간 노동을 대체하는 일이 지구상에 광범위하게 전개되고 있다.

신기술 혁명은 과거 농업혁명이나 산업혁명과 마찬가지로 인류 문명을 획기적으로 발전시킬 잠재력을 갖고 있는 기술 혁명이다. 또한 이것은 불가역적인 역사 운동이기도 하다. 그러나 현 인류는 낡은 현대 노동관의 관점에서 신기술 혁명을 바라보고 있다.

현대 노동관의 관점에서 보았을 때, 신기술 혁명은 인간의 일터를 뺏어 가는 사악한 것이다. 신기술 혁명에 대한 이런 부당한 해석으로 인해, 개인적인 차원에서도, 사회적인 차원에서도 불행한 일들이 일어나고 있다.

개인적인 차원에서 보면, 그 사람은 불행에 빠진다. 현대 노동관을 갖고 있는 사람은 일자리를 열망하는데 일자리는 줄어들고 있기 때문이다. 오늘날 청년들은 줄어드는 일자리 앞에서 심한 취업 불안을 안고 살아간다. 취업에 실패했을 때는 심한 좌절감을 느낀다. 취업을 한다고 해도, 노동력에 대한 수요공급의 불균형으로 인해서, 비정규직이 증가하고, 근무조건이 악화되어 행복한 직장생활에는 난관이 많다.

이미 취업해 있는 사람들의 경우, 전체적인 고용 감소로 인해 고용 불안이 증가하고, 승진이 어려워지며, 근무조건이 악화되어 힘겨운 직장생활을 하고 있는 경우가 많다. 그리고 이른 나이에 비자발적인 퇴직을 강요당하는 경우도 많다. 현대 노동관이 미치는 악영향은 노인에게도 나타난다. 일을 하기에는 너무 늦은 나이임에도 불구하고 그들 중 일부는 일자리를 찾아 나서고, 그렇지 않은 노인들은 '이젠 쓸모없는 존재가 되어 버렸다'는 고통스러운 마음을 안고 살아간다.

사회적인 차원에서 보면, 현대 노동관은 인류가 탈현대 사회로 나아가는 것을 가로막고 있는 커다란 걸림돌이 되고 있다. 현 인류가 여전히 낡은 현대 노동관에 고착되어 있음으로 말미암아, 낡은 현대 노동관과 새로운 신기술 혁명 간의 격렬한 문명 충돌이 일어나고 있다. 만일 인류가 끝까지 낡은 현대 노동관에서 벗어나지 못한다면, 그래서 새로운 일자리를 창출하고자 하는 불가능하고 파괴적인 노력을 지속한다면, 인류는 문명 대파국과 인류 멸종이라는 최악의 미래에 직면하게 될 것이다.

인공지능 발달과 인간 노동 소멸이라는 놀라운 변화 앞에서, 현대인은 지금 어떤 생각을 하고 있는가? '노동이 사라지면, 인간은 도대체 무엇을 하면서 살아간단 말인가!' '인간은 무위도식하면서 버러지 같은 삶을 살아야 한다는 말인가!' 현대인의 입에서는 '깊은 탄식'의 소리가 터져 나온다. 필자에게는 인공지능 기술의 발달보다 이런 현대인의 '깊은 탄식 소리'가 더 놀랍다!

장자도 깜짝 놀라서 이런 질문들을 쏟아 낸다.

'사람들은 왜 꼭 무엇을 해야 한다고 생각하는 것일까?'

'왜 현대인은 한가로움을 즐길 수 없는 것일까?'

'왜 현대인은 서양화와 같이 삶의 여백을 모두 채워야 한다고 생각하는 것일까?'

4) 승리를 위하여

『장자』「제물론(齊物論)」편에서 장자는 이렇게 말한다.

그들의 마음이 시비를 가릴 때 그 모질기란 쇠뇌나 활을 당겼다 세차게 쏘는 것과 같다. 그들이 승리를 끝까지 지키려 할 때 그 끈덕진 고집이란 맹세를 지키는 것과 같다.[5]

2010년 밴쿠버 동계올림픽이 열렸을 때, 마음 죄며 김연아 선수 경기를 지켜봤고, 마침내 금메달을 목에 걸었을 때, 온 국민이 감격하고 환호했던 기억이 떠오른다. 반면 아사다 마오의 금메달을 기대했던 일본 열도는 침통함에 빠져들었던 기억도 난다. 김연아 선수의 특집 다큐멘터리를 보면서, 금메달을 목에 걸기까지 정말 많은 땀을 흘렸고, 많은 고생을 겪었음을 알았다.

'너를 이긴다'는 것이 나에게 얼마나 큰 가치를 갖고 있을까? 그건 내가 갖고 있는 무의미감과 무력감의 크기와 비례한다. 현대 인간관의 영향으로 현대인은 존재론적인 무의미감과 무력감을 갖고 있다. 그래서 '하찮은 존재로서의 나'를 벗어나 '대단한 존재로서의 나'에 이르고자 하는 자아확장투쟁을 벌이게 된다. 경쟁이나 갈등에서의 승리를 거두는 것은 '대단한 존재로서의 나'에 도달하는 중요한 방법이다. 그래서 현대 사회에서 사람들은 승리를 위해 많은 것을 바친다.

보통 사람들보다 더 큰 무력감이나 무의미감을 갖고 있는 개인이나

---

5 『莊子』,「齊物論」, "其發若機栝 其司是非之謂也 其留如詛盟 其守勝之謂也".

집단은 승리의 추구가 더 격렬해진다. 대학입학을 위한 경쟁이 왜 한국과 중국 사회에서 가장 치열한 것일까? 이들 국민들이 더 큰 무의미감과 무력감을 갖고 있기 때문이다. 한국인과 중국인들은 왜 더 큰 무의미감과 무력감을 갖고 있는 것일까? 현대가 시작하던 무렵, 이들 두 국가가 겪었던 혹독한 경험이 민족적 자존심을 크게 훼손했고, 아직까지도 그것이 완전히 치유되지 않았기 때문이다.

한 TV 방송 진행자가 오스트레일리아에 이민 간 한 한국인에게 왜 이민을 결심했는가 그 동기를 물었다. 그는 이렇게 대답했다. '경쟁이 좀 덜한 사회에서 아이들이 성장하도록 하고 싶었어요.' 승리에 더 큰 가치를 부여할수록, 이겼을 때 커다란 환희를 느끼고, 졌을 때 커다란 고통을 겪는다.

어떤 사람이 승리에 대한 열망이 약할까? 자기 스스로에 대해 긍정하는 마음이 강한 사람일 것이다. 자긍심이 강한 사람은 자족하며, 승리는 애를 써서 획득할 만한 가치를 갖지 못한다. 우리는 누구와 경쟁하지 않을까? 승부욕이 강한 사람도 사랑하는 사람과는 승부를 겨누지 않는다. 누구도 사랑하는 남자친구나 여자친구와 승부욕을 느끼지 않는다. 만일 느낀다면, 그는 깊이 병든 사람이다.

승리에 대한 집착이 강해지면, 사람들은 경쟁에서의 승리를 통해서만 만족감을 느낄 수 있는 병적인 심리상태에 빠져든다. 또한 경쟁은 많은 패배자를 양산하며, 경쟁 관계에 놓인 사람들이나 집단들의 관계가 악화된다.

어떻게 해야 경쟁심으로부터 자유로워질 수 있을까? 나는 승리를 거두어야만 의미 있는 존재가 될 정도로 하찮은 존재가 아님을 자각함으로써이다. 즉, 내가 시공간적으로 한정된 분리된 개체라고 인식하는 현대 인간관으로부터 탈피해서, 나는 온 우주를 내 안에 품고 있는 위대하고 아름다운 존재라고 인식하는 탈현대 인간관으로 전환을 이룸으로써이다. 이때, 우린 승리에 대한 열망으로부터 자유로운 삶을 살아갈 수 있다.

2. 도를 거슬러 살다

노자는 말했다. '도는 자연을 법받은 것이다[道法自然].' 그러므로 자연에는 도와 어긋난 것이 없다. 도와 어긋난 유일한 것은 무엇인가? 에고[분리된 개체로서의 나]이다. 현대인은 자신이 에고라고 생각한다. 그러므로 현대적인 삶은 도와 어긋나 있다.

자연은 근심하지 않는다. 그러나 현대인은 수많은 근심의 짐가방을 짊어지고 살아간다. 자연은 이기적이지 않다. 그러나 현대인은 이기심에서 벗어날 수 없다. 자연은 불안하지 않다. 그러나 현대인은 불안과 두려움 속에 살아간다. 자연은 무한을 추구하지 않는다. 그러나 현대인은 무한한 욕망을 추구하며, 고통을 겪는다.

장자의 눈으로 보면, 현대인의 삶은 자신이 에고라는 착각 속의 삶, 망상 속의 삶이다. 망상 속에서 자신을 고단하게 하고, 주변을 힘들게 하는 소외된 삶이 현대인의 삶이다.

1) 무거운 짐가방을 든 사람

『장자』「경상초(庚桑楚)」편에는 이런 구절이 나온다.

남영주는 [그 말을 좇아] 식량을 등에 지고 이레 동안 밤낮을 도와 노자가 있는 곳에 이르렀다. 노자가 말했다. "당신은 경상초에게서 왔지!" 남영주가 "네, 그렇습니다." 하고 대답했다. 노자가 말했다. "당신은 어째서 여러 사람과 함께 왔소?" 남영주는 놀라 뒤를 돌아보았다.[6]

엄양존자(嚴陽尊者)가 조주선사(趙州禪師)를 친견하고 물었다. "한 물건도 갖고 오지 않았을 때는 어찌합니까?" 그러자 조주는 "내려놓아라[放下着]"라고 답했다. 이에 엄양이 다시 물었다. "한 물건도 갖고 오지 않았는데 무엇을 내려놓으라는 말인지요?" 조주가 답했다. "그럼 들고 있어라[着得去]."

현대인은 남영주나 엄양보다 훨씬 많은 짐을 지고 살아간다. S. B. 베케트(Samuel Barclay Beckett, 1906~1989)의 『고도를 기다리며』는 인간 존재의 부조리성을 고발하는 희곡이다. 등장인물 중 한 사람인 럭키(Lucky)는 언제나 많은 짐가방을 들고 다닌다. 럭키는 현대인의 존재 양태를 상징한다.

현대인은 수많은 욕심의 가방을 들고 살아간다. '부자가 되고야 말 거야.' '권력자가 될 거야.' '성공하고야 말 거야.' '너를 이길 거야.' '예쁜 사람이 될 거야.' '인기 있는 사람이 될 거야.' '일류 대학에 들어갈 거

---

6 『莊子』,「庚桑楚」, "南榮趎贏糧 七日七夜至老子之所 老子曰 子自楚之所來乎 南榮趎曰 唯 老子曰 子何與人偕來之衆也 南榮趎懼然顧其後".

야.' '최고의 직장을 가질 거야.' '승진하고야 말 거야.'

현대인은 수많은 생각의 가방을 들고 살아간다. '내가 옳고, 너는 틀렸어.' '나는 대단한 사람이야.' '어떻게 돈을 많이 벌까?' '돈을 안 내려면 어느 자리에 앉아야 할까?' '어떻게 해야 승진할 수 있을까?' '어떻게 저 녀석을 따돌릴까?'

현대인은 수많은 감정의 가방을 들고 살아간다. '나는 네가 미워.' '아! 우울해.' '아! 짜증나.' '아! 불안해.' '아! 무서워.' '아! 초조해.' '아! 어색해.' '아! 질투나.' '아! 불쾌해.' '아! 심술나.' '아! 심심해.' '아! 화나.' '아! 슬퍼!'

그래서 현대인이 내딛는 한 걸음 한 걸음은 힘에 겹다. 내 마음속이 이런 잡동사니로 가득 차 있으니, 네가 내 마음속으로 들어올 수 없다. 하늘과 구름도, 친구도, 심지어 아내나 남편까지도⋯. 나는 아름다운 미소를 지을 수 없다. 나에게는 여유로움이 없다. 나에겐 사랑과 생생한 삶의 기쁨이 없다.

우리 마음을 가득 채우고 있는 짐가방을 내려놓지 못한다면, 우린 탈현대로 나아갈 수 없다. 그래서 짐가방을 내려놓는 일에 인류 문명의 미래가 달려 있다. 어떻게 짐가방을 내려놓을 것인가?

마음속 소음이 사라지면, 감사한 마음이 우리 안으로 들어온다. 또한 감사한 마음을 느끼면, 마음속 소음이 사라진다. 마음속 소음이 사라지면, 배려하는 마음이 우리 안으로 들어온다. 또한 배려하는 마음을 키우면, 마음속 소음이 사라진다. 마음속 소음이 사라지면, 나와 상대편을 진심으로 존중하고 존경할 수 있다. 또한 나와 상대편을 진심으로 존중하고 존경하는 연습을 하면, 마음속 소음이 사라진다.

이런 노력을 마음공부라고도 하고, 사랑의 알통 키우기 연습이라고도 하며, 수행(修行) 또는 수도(修道)라고도 한다. 이런 노력의 결과로 우린 점점 더 행복하고 아름다운 사람이 되어 갈 수 있다. 우리 안에 생생한 삶의 기쁨이 솟아날 때, 우린 비로소 우리 주위에 기쁨을 선물할 수 있는 존재가 될 수 있고, 인류 사회의 어둠을 밝히는 빛과 같은 존재가 될 수 있다. 이런 사람을 탈현대인이라고 한다. 각각의 사람이 탈현대인이 되는 것과 현대로부터 탈피해서 탈현대 사회로 나아간다는 것은 하나이다.

현대인이여! 무거운 짐가방을 내려놓아라!

2) 노후(魯侯)의 새 사랑

『장자』「지락(至樂)」편에는 이런 구절이 있다.

옛날 해조(海鳥)가 [날아와] 노(魯)나라 [서울의] 교외(郊外)에 멈추었다. 노후(魯侯)는 이 새를 [일부러] 맞이하여 종묘 안에서 술을 마시게 하고 구소(九韶)의 음악을 연주하며 소·돼지·양(羊)을 갖추어 대접했다. 새는 그만 눈이 찔찔해져서 걱정하고 슬퍼하며 한 조각의 고기도 먹지 않고 한 잔의 술도 마시지 않은 채 사흘 만에 죽어 버렸다. 이는 [노후가] 자기를 보양(保養)하는 방법으로 새를 보양했지, 새를 키우는 방법으로 새를 보양하지 않은 [때문인] 것이다.[7]

---

7   『莊子』,「至樂」, "昔者海鳥止於魯郊 魯侯御而觴之于廟 奏九韶以爲樂 具太牢以爲膳 鳥乃眩視憂悲 不敢食一臠 不敢飮一杯 三日而死 此以己養養鳥也 非以鳥養養鳥也 夫以鳥養養鳥者".

한 남자가 있었다. 이 남자의 아내는 개를 무서워했다. 이 남자는 이렇게 생각했다. '아내가 개를 무서워하는 것을 고쳐 주어야겠다.' 그래서 시장에 가서 강아지를 사 왔다. 그날 이후 아내는 개보다 남편을 더 싫어하게 되었다.

한 남자가 있었다. 이 남자의 아내는 사람들과 어울리는 것을 싫어했다. 이 남자는 이렇게 생각했다. '아내가 사람들과 어울리는 것을 싫어하는 것을 고쳐 주어야겠다.' 그래서 많은 사람들을 집에 초대했다. 이후 아내는 남편과 어울리는 것도 싫어하게 되었다.

자기중심적인 사랑이란 없다. 『선의 황금시대』(1986)에서 오경웅(吳經態, 1899~1986)은 이렇게 썼다. 아내의 임종 미사를 위해 신부님이 왔다. 신부님은 선 자리에서 임종 미사를 집전했다. 이때 아내가 이렇게 말했다. "여보, 신부님 다리 아프실 텐데 의자를 좀 내어 드려요." 아내는 죽음 앞에서도 에고의 자기중심성에 사로잡히지 않았다. 그래서 신부님에 대한 배려를 베풀 수 있었다.

필자는 단단한 에고에 갇혀 지내는 현대인이다. 어떤 상황에서도 '자기 자신을 먼저 생각하는 나'를 자주 만난다. 아내를 사랑한다고 생각하지만, 수저를 놓을 때면 언제나 자신의 수저를 먼저 놓는 나를 만난다. 설거지를 할 때면, 필자의 전용 컵을 더 정성스럽게 씻고 있는 나를 만난다. 대학 시절 연애를 할 때, 필자가 좋아했던 여학생이 필자를 이렇게 악평했던 기억이 난다. '넌, 참 드라이해.' 워낙 자기중심적이다 보니, 상대편에 대한 관심도 부족하고, 그러다 보니 상대편의 감정에 공감할 수 있는 능력도 떨어졌다. 이런 왕재수를 만나 짜증난 여학생이 필자를 그렇게 평했고, 곧 떠났다.

에고가 주체가 되어 살아가는 현대인은 자기중심성을 벗어날 수 없다. 그래서 현대인은 상대편에게 깊은 관심을 기울일 수도 없고, 배려할 수도 없으며, 상대편의 감정 상태에 공감할 수도 없다. '사랑할 수 없는 존재', 이것이 바로 불행하고 추한 현대인의 자화상이다.

'에고로부터의 해방', '자기중심성으로부터의 해방', 이것은 나의 행복을 위한, 그리고 내가 사랑하는 사람에게 행복을 선물할 수 있는 존재가 되기 위한 필수적인 과제이다. 동시에 이것은 인류가 탈현대 사회로 나아가기 위한 필수적인 조건이다.

어떻게 '에고로부터의 해방'을 이룰 것인가? 어떻게 '자기중심성으로부터의 해방'을 이룰 것인가? 해방을 위한 첫걸음은 '에고에 갇혀 있는 나에 대한 자각', '자기중심적인 나에 대한 자각'이다. 필자는 자신이 그런대로 괜찮은 사람이라고 생각했었다. 그런데 김기태 선생님에게서 마음공부를 시작하고 난 후, 내 안에 살고 있는 추한 나를 알게 되었다. 알고 보니, 나는 무척 보잘것없는 사람이었다. 필자에게 이것은 무척 중요한 발견이었다.

그런 다음에는 어떻게 해야 할까? '에고에 갇혀 있는 나를 용서'하는 것, '자기중심적인 나를 용서'하는 것이다. 나는 결코 자기중심적이고 싶어서 자기중심적인 것이 아니고, 배려하기 싫어서 배려하지 않는 것이 아니며, 공감하고 싶지 않아서 공감하지 않는 것이 아니다. 다만 나는 에고에 갇혀 있어서, 어쩔 수 없이 자기중심적이고, 배려하지 못하며, 공감하지 못하는 것이다. 그러므로 나는 이런 추한 나를 용서해야만 한다. 용서하는 순간, 내 안에는 '추한 에고를 용서할 수 있는 나'가 깨어난다.

이런 추한 나를 가엾이 여겨 주고 따뜻하게 품어 주며 사랑해 주는 순간, 내 안에는 '추한 에고를 따뜻하게 품어 줄 수 있는 나'가 깨어나게 된다. 이렇게 '참나'는 깨어나 활동하게 된다. '참나'가 깨어나 활동하는 그곳이 바로 탈현대의 영토이다. 우리가 나아가는 만큼, 탈현대는 우리 곁으로 성큼 다가온다.

3) 도가와 도교

『장자』「도척(盜跖)」편에 이런 구절이 있다.

> 요(堯)와 순(舜)이 제위에 올라 그 자리를 주려 한 것은 천하에 인혜(仁惠)를 베풀려고 한 짓이 아니다. 천자라는 명리에 의해 자기의 성명(性命)을 해치지 않기 위해서이다. 제위를 물려주어도 선권(善券)이나 허유(許由)가 받지 않았지만, 이는 까닭 없는 공연한 사양이 아니다. 자기 이외의 사물에 의해 본성을 해치지 않도록 생각해서 한 일이다.[8]

『장자』「도척(盜跖)」편은 후대 위작이 확실시되는 장이다. 석가모니와 예수를 비롯해서, 모든 큰 가르침들이 훗날 변질되고, 본래의 정신에서 벗어나게 되는데, 도가 사상의 경우 그런 사상적인 쇠락이 특히 심한 것 같다. 도가 사상이라고 불릴 수 있는 것은 노자와 장자 사상에 국한되고, 이후 이들의 진수를 이어받지 못한 후계자들의 종교를 도교라고 부른다.

왜 모든 큰 가르침들이 왜곡되고 훼손되었던 것일까? 그것은 그들

---

8 『莊子』,「盜跖」, "堯舜爲帝而雍 非仁天下也 不以美害生也 善卷許由得帝而不受 非虛辭讓也 不以事害己".

이 너무 철 이르게 피어난 꽃이기 때문이었다. 인류는 아직 큰 가르침을 받아들일 준비가 되어 있지 않았기 때문이다.

E. 톨레(Eckhart Tolle, 2008: 23)는 이에 대해 이렇게 썼다.

그들은 인간의 깨어남에 매우 중요하고 필요한 존재들이었지만, 세상은 아직 그들의 가르침을 받아들일 준비가 되어 있지 않았다. 어쩔 수 없이 그들은 동시대뿐 아니라 다음 세대들에게도 많은 부분이 잘못 이해되었다. 단순하고 강력한 가르침이었음에도 불구하고 그들의 가르침은 어떤 경우에는 그것을 기록한 제자들에게조차 왜곡되고 틀리게 해석되었다. 수 세기에 걸쳐 본래의 가르침과는 아무 관계 없는 많은 것들이 덧붙여졌다. 근본적으로 잘못 이해한 결과였다. 어떤 스승들은 웃음거리가 되고, 매도당하고, 죽임을 당했다. 그런가 하면 몇몇 스승들은 신으로 숭배되었다. 인간 마음의 기능장애를 넘어서는 길, 집단적인 정신이상으로부터 벗어나는 방법을 가리켜 보인 가르침들은 철저히 왜곡되거나 그것들마저 정신이상의 일부가 되었다.

도교는 인간 욕망에 부응하면서 중국 사회에서는 큰 영향력을 갖게 되지만, 미래 사회 건설을 위한 사상적인 자원이라는 측면에서 보면 보잘것없는 종교이다. 도교가 특히 발전(?)시킨 것은 불로장생을 추구하는 양생술이다. 어떻게 하면 오랫동안 생명을 부지할 수 있겠는가에 대한 궁리가 그 안에 담겨 있다. 우리는 그것을 양생 도(道)라고 부르지 않고, 양생 술(術)이라고 부른다. 도교 양생술의 한 형태인 단전호흡이 현대인에게 잘 받아들여지는 것은 자연스러운 현상이라고 하겠다.

필자는 거의 매일 집 앞에 있는 산을 걷는다. 많은 사람들이 필자처럼 산길을 걷는다. 필자도 그 사람들도 모두 건강과 장수를 위해 산길을 걷는 것 같다. 주변 사람들을 둘러봐도 헬스, 수영, 요가, 춤 등 건강을 위해 운동에 힘 쏟는 사람들이 많다.

건강을 위해 운동하는 것은 좋은 일일까? 좋은 일이다. 그런데 이것은 '부자가 되기 위해 노력하는 것은 좋은 일일까?'라는 질문과 같은 것 같다. 부자가 되기 위해 노력하는 것은 좋은 일일까? 좋은 일이다. 노력하는 것도 좋고, 그 결과로 부자가 되는 것도 좋다.

그러나 만일 부자가 되는 것이, 건강해지는 것이 궁극적인 삶의 목표라면, 문제는 달라질 것 같다. 부자가 되는 것이, 건강해지는 것이 내가 도달하고자 하는 궁극적인 삶의 목표라면, 내 삶은 소외되었다고 평가하는 것이 맞을 것이다. 왜냐하면 부자가 되는 것이나 건강해지는 것이 인간답고 행복한 삶의 기초가 될 수는 있지만, 삶의 궁극적인 목적이 될 수는 없기 때문이다.

틱낫한 스님도 운동을 좋아하고 많이 하셨다. 걷기 운동을 특히 좋아하고, 채마밭을 가꾸는 일에도 열심이셨다. 그러나 틱낫한 스님에게 건강은 궁극적인 목적의 자리를 차지하고 있는 것 같지는 않다. 스님은 몸에 깊은 관심을 기울이고, 감사하는 마음을 갖고 있다. 또 몸을 잘 돌봐 준다. 풀과 땅의 관계와 같이, 스님은 몸을 잘 돌봐 주고, 몸은 스님이 사랑의 삶을 살아가실 수 있도록 도움을 준다.

4) 한가함이 두려워

『장자』「양왕(讓王)」편에는 이런 구절이 있다. 중산(中山)의 공자모(公子牟)가 첨자(瞻子)에게 말했다.

> [나의] 몸은 바닷가에 은거하면서 마음은 위(魏)의 궁문(宮門)에 머물러 있습니다. 어찌하면 좋겠습니까?[9]

공자모의 마음은 현대인을 닮아 있다. 삼십 년 전쯤 필자는 경주 동쪽 깊은 골짜기에 위치한 황용사라는 작은 절에서 한 달 동안 머문 적이 있었다. 그곳은 TV조차 없는 외딴 산골이었다. 첫 며칠은 무척 좋았다. 사방이 고요하고, 방안에서 혼자 뒹굴다가 겨울 산을 이리저리 거닐었다.

그런데 사흘 정도 지났을까 '심심하다'는 생각이 들었다. 한 번 '심심하다'는 생각이 들자, 하루하루가 너무 지루하게 느껴졌고, 힘이 들었다. 매일 맛없는 반찬과 함께 하는 세끼 식사도 나를 힘들게 했다. 필자의 몸은 깊은 산속에 머물고 있었지만 필자의 마음은 휘황찬란한 불빛이 번쩍거리는 도시를 배회하고 있었던 것이다.

한가함은 현대인이 가장 두려워하는 것이다. 노인들은 아침에 잠자리에서 일어나면서 "이 기나긴 하루를 어떻게 보낼꼬?" 하며 긴 한숨을 내쉰다. 한가로운 시간이 많은 사람일수록, 더 불행하다. 그래서 사람들은 "바빠요"라고 말하며 자랑스럽게 여기기도 한다.

---

9 『莊子』, 「讓王」, "身在江海之上 心居乎魏闕之下 奈何".

현대인은 수많은 자극에 중독되어 있다. 학생들은 수업시간에도 스마트폰을 만지작거린다. 만일 그들에게 스마트폰 없이 열흘만 지내 보라고 한다면 그것은 큰 형벌이 될 것 같다. 좋아하는 드라마 상영 시간이 되어 가는데 드라마를 볼 수 없는 상황이라면, 꼭 보고 싶은 스포츠 중계를 볼 수 없는 상황이라면, 마음속은 안절부절못한다. 게임 중독에 걸린 사람은 게임을 꼭 해야 하고, 쇼핑 중독에 걸린 사람은 쇼핑을 꼭 해야 하며, 유튜브 중독에 걸린 사람은 유튜브를 꼭 보아야 한다. 길을 걸어가는 사람들은 때론 위험한 상황에서도 목을 구부정하게 하고 스마트폰을 내려다보고 있다.

탈현대인은 꼭 깊은 산속이나 한적한 바닷가에 거주하는 사람이 아니다. 일본의 한 고승은 널리 명성을 얻게 되면서 삶이 번잡해졌다. 바쁜 일상 속에서 그는 말했다. '마음은 점점 깊은 산속에 머물고 있는 것 같다.' 몸은 궁문(宮門)에 머물고 있지만, 마음은 한적한 바닷가에 머물고 있는 것이다.

틱낫한 스님은 정열적으로 격동의 삶을 살아왔다. 젊은 시절엔 베트남 전쟁의 한가운데서 반전운동을 벌였다. 그 와중에 사랑하는 제자들이 군인들의 총에 맞아 숨지는 일도 있었고, 스님 자신도 베트남 입국이 금지되어 불가피하게 망명 생활을 해야 했다. 스님은 『평화로움(Being Peace)』을 비롯해 수십 권의 책을 집필했고, 승려나 일반 대중들을 상대로 수많은 설법을 행했다. 베트남 난민들을 돕기 위한 적극적인 노력을 기울였으며, 세계 분쟁 해결을 위해서도 헌신했다. 그는 누구보다 분주한 삶을 살아왔지만, 그의 마음속을 들여다본다면 이럴 것이다. '아무 일도 없다.'

바다 표면에는 끊임없이 크고 작은 파도가 생겨났다 사라진다. 그러나 태풍이 휘몰아치는 순간에도 바다 밑바닥은 고요하다. 바다 밑바닥, 이곳이 바로 탈현대의 마음이 머무는 곳이다. 그래서 탈현대 사회는 고요한 사회이고, 평화로운 사회이다. 미륵반가사유상이 짓고 있는 아름다운 미소를 우린 탈현대인의 얼굴에서 발견한다.

5) 칼싸움 중독

『장자』「설검(說劍)」 편에 이런 이야기가 나온다.

옛날, 조(趙)의 문왕(文王)은 칼싸움을 좋아하여 문하(門下)에 모여 식객(食客)이 된 검사(劍士)가 삼천 명이 넘었다. 밤낮으로 어전(御前)에서 칼싸움을 하여 죽고 다친 자가 한 해에 백 명이 넘었다. [그러나 문왕은] 진력을 안 내고 좋아하여 이와 같은 상태가 삼 년이나 계속되다 보니 나라의 형편이 쇠약해지고 제후(諸侯)가 공략하려고 노리게 되었다.[10]

조 문왕은 칼싸움 중독자였다. 왕이 칼싸움에 중독되어 정사를 돌보지 않으니, 나라 형편은 쇠약해지고, 주위 제후들이 조나라 침공을 호시탐탐 노리게 되었다. 정사를 논하는 자리에서도 그의 마음은 칼싸움에 가 있었을 것이고, 내궁에서 가족들과 지내는 시간에도 그의 마음은 칼싸움에 가 있었을 것이다. 그 결과, 조나라의 정치도 엉망이 되고, 문왕의 가족생활도 엉망이 되었을 것이다.

---

10 『莊子』, 「說劍」, “昔趙文王喜劍 劍士夾門而客三千餘人 日夜相擊於前 死傷者歲百餘人 好之不厭 如是三年 國衰 諸侯謀之”.

현대 사회에서는 '사랑'과 '중독'을 혼동하는 경우가 많다. 〈중독된 사랑〉이라는 제목의 영화도 있다. 하지만 '너를 사랑한다'는 것과 '너에게 중독되었다'는 것은 전혀 다른 것일 뿐만 아니라 정반대의 것이다. 사랑은 자유의 상태이며, 주인의 상태이지만, 중독은 부자유의 상태이며, 노예의 상태이다. 사랑은 사랑하는 나와 사랑받는 너에게 모두 행복을 주지만, 중독은 중독된 나와 중독된 대상 모두에게 고통을 준다. 사랑은 창조적인 변화를 가져오지만, 조 문왕의 칼싸움 중독에서 보듯이 중독은 가족생활도 정치도 모두 망쳐 버린다. 사랑은 사랑할 수 있는 능력에 바탕을 두지만, 중독은 강박적인 것이다. 사랑은 욕망에 대한 집착으로부터의 자유 상태이지만, 중독은 욕망에 대한 집착이며, 욕망의 노예 상태이다.

현대 사회는 사랑이 메마른 사회다. T. S. 엘리엇(Thomas Stearns Eliot, 1888~1965)은 이런 현대적인 상황을 '황무지[The Waste Land]'라고 표현했다. 사랑의 황무지인 현대 사회에서 남녀 간의 사랑이나 부모의 자녀에 대한 사랑은 오아시스와 같다. 그래서 수많은 영화, 드라마, 노래는 현대 사회에 남아 있는 마지막 사랑인 남녀 간의 사랑을 표현한다. 그러나 오아시스에서 목을 축일 수는 있겠지만, 수영을 즐길 수는 없듯이, 남녀 간의 사랑이 현대인의 갈증을 해소시킬 순 없다.

사랑이 사라진 허허로운 현대인의 삶을 파고드는 것이 중독이다. 스마트폰 중독, TV 중독, 게임 중독, 프로 스포츠 중독, 일중독, 쇼핑 중독 등과 같은 것은 현대 사회에 광범위하게 퍼져 있는 습관적인 중독이다. 도박 중독이나 마약 중독과 같은 폐해가 심한 중독도 있고, 요즘엔 주식 중독이나 비트코인 중독도 급증하는 것 같다. 필자

주위에는 꽃 이름 외우기 중독이나 어항을 수십 개나 좁은 집에 두고 물고기를 기르는 물고기 중독과 같이 희귀한 중독에 걸린 사람도 있다.

어떤 중독에 걸려 있든 중독자의 마음은 언제나 중독된 대상에 빼앗겨 있다. 조 문왕이 어디에 있건 그의 마음은 칼싸움에 가 있던 것과 마찬가지다. 몇 년 전에 공부 모임 사람들과 함께 독일에서 지역연구를 수행한 적이 있었는데, 그때 한 사람이 필자에게 이렇게 말했다. "선생님과 함께 지내는데도 선생님은 지금 여기 함께 있지 않은 것 같아요." 난 이 말을 듣고 깜짝 놀랐다.

실제로 중독에 걸려 있는 상태는 꿈을 꾸고 있는 상태와 흡사한 것 같다. 중독에 걸려 있으면 현실과의 접촉이 어려워진다. 아내가 지금 기분이 좋은지 나쁜지도 알지 못하고, 자녀나 부모님께 어떤 근심이 있는지도 모르며, 함께 대화를 나누고 있는 사람이 말하는 내용도 잘 알아듣지 못한다.

마음이 머물러 있는 곳이 실재 우리가 있는 곳이다. 마음이 중독 대상에 머물고 있다면, 나는 지금 여기 있지만 없는 것이다. 틱낫한 스님은 끊임없이 마음 다함(Mindfulness)을 강조했다. 마음을 다한 걷기, 마음을 다한 숨쉬기, 마음을 다한 설거지 등. 틱낫한 스님의 말씀대로 우리 마음이 '지금 여기'에 머물 때, 비로소 밝은 미래 사회의 문이 열리게 될 것이다.

6) 아직은 충분치 않아

『장자』「소요유(逍遙遊)」편에서는 이렇게 말한다.

그러나 만약 천지 본연의 모습을 따르고 자연의 변화에 순응하여 무한의 세계에 노니는 자가 되면 대체 무엇을 의존할 게 있으랴. 그래서 지인(至人)에게는 사심(私心)이 없고, 신인(神人)에게는 공적(功績)이 없으며, 성인(聖人)에게는 명예가 없다.[11]

1947년 미국의 대표적인 극작가 T. 윌리엄스(Tennessee Williams, 1911~1983)는 『욕망이라는 이름의 전차(A Streetcar Named Desire)』란 희곡을 발표했다. 현대 사회를 잘 표상하는 제목이다.

현대인은 왜 자족하고, 소요하는 삶을 살지 못하는가? 현대인은 '아직 충분히 갖지 못해서'라고 대답할 것이다. 그러나 돌이켜 보면 현대만큼 많은 것을 누리는 시대도 없고 동시에 현대만큼 여전히 목말라하는 시대도 없다. 이 역설을 어떻게 설명할 것인가?

이 역설을 설명하는 답은 이것이다. '현대인은 무한한 욕망을 추구한다.' 만일 우리가 무한을 추구한다면, 아무리 많이 채워도 결코 채워질 수 없는 밑 빠진 독에 물 붓기를 하는 것이나 다름없다. 그러므로 현대인은 타는 목마름으로 끊임없이 욕망을 추구하지만 결국은 욕망 충족에 실패할 수밖에 없다.

현대인은 왜 무한한 욕망을 추구하는 것일까? 그것은 현대인이 현

11　『莊子』,「逍遙遊」, "若夫乘天地之正 而御六氣之辯 以遊无窮者 彼且惡乎待哉 故曰 至人无己 神人无功 聖人无名".

대 인간관의 지배를 받고 있기 때문이다. 현대 인간관의 관점에서 보면, 결핍감은 인간 실존의 기본 양태이다. 인간이란 하찮은 존재이다. 그는 자신을 둘러싸고 있는 세상으로부터 분리된 유한한 개체이며 그러하기에 무의미하고 무력한 존재이다. 이에서 비롯되는 존재론적인 무의미감, 무력감, 불안감을 해소하는 것이 현대적인 삶의 주제가 된다. 그래서 현대인은 강박적으로 자아확장투쟁으로서의 삶을 살아간다.

이런 맥락에서 현대의 시작과 더불어 '무한한 욕망을 추구하는 존재로서의 인간관'이 봇물처럼 터져 나온다. 학문 세계에서 보면 T. 홉스(Thomas Hobbes, 1588~1679)는 『리바이어던(Leviathan)』(1994)에서 '만인의 만인에 대한 투쟁(bellum omnium contra omnes)'을 말했는데, 이것은 '욕망을 추구하는 존재로서의 인간관'의 효시가 되었으며, 오늘날에 이르기까지 '권력을 추구하는 존재로서의 인간'이라고 하는 현대 정치학을 지배하는 인간관이 되었다. A. 스미스(Adam Smith, 1723~1790)를 위시한 고전 경제학자들은 '이윤을 추구하는 존재로서의 인간'을 경제학의 대전제로 삼았으며, S. 프로이트(Sigmund Freud)를 위시한 심리학자들은 '쾌락을 추구하는 존재로서의 인간'을 심리학의 인간관적인 전제로 삼았다.

현실 세계에서는 결핍감에 사로잡혀 있는 현대인에 의한 자아확장투쟁으로서의 삶이 적나라하게 표출된다. 욕망 대상은 다양한데, 위에서 언급한 권력욕, 소유와 소비에 대한 욕망을 포괄하는 금전욕, 성적 쾌락의 추구는 물론이고, 이 밖에도 인기, 외모, 명예, 젊음, 영생, 건강, 명품, 학력, 좋은 직업에 대한 추구 등 그 목록은 끝이 없다.

욕망 표출의 양상은 다양하지만, 이것은 모두 동일한 구조를 갖고 있다. 현대인은 자신이 추구하는 욕망 달성을 통해 행복에 도달하고자 한다. 그러나 모든 강박적인 추구가 실패할 수밖에 없듯이, 현대인도 지속적인 행복을 얻을 수 없다. 모든 욕망 추구의 밑바탕에는 근원적인 무의미감, 무력감, 불안감이 도사리고 있는데, 이것은 해결될 수 없고 오직 해소될 수 있을 뿐이다.

현대인의 끝없는 갈증을 해소시킬 수 있는 방법은 무엇인가? '내가 그렇게 하찮은 존재가 아님'에 대한 자각이다. 나는 돈, 권력, 외모, 인기, 학력 등으로 채워져야만 가치가 있을 만큼 하찮은 존재가 아니라는 자각, 나는 온 우주를 내 안에 품고 있는 위대하고 아름다운 존재라는 자각이다. 이런 자각이 생겨나면 모든 현대적인 추구가 사라지고 우린 삶의 기쁨, 평화, 지속적인 행복을 누릴 수 있게 된다.

『장자』「소요유」에 등장하는 지인(至人), 신인(神人), 성인(聖人)이 바로 그들이다. 그들은 더 이상 욕망에 부대끼지 않는다. 자족하며 소요한다. 위의 인용구는 소요하는 인간의 모습을 담고 있다. 칭찬을 받고자 하는 욕망, 비난을 피하고자 하는 욕망으로부터 해방된 인간… 어떻게 그것이 가능할까? 그는 더 이상 타는 목마름 속에 한 모금의 물을 찾아 헤매는 비렁뱅이가 아니기 때문이다.

자족하는 사람, 소요하는 사람, 그가 바로 탈현대인이다. 탈현대인으로 구성된 사회가 탈현대 사회이다. 우리가 꿈꾸는 문명은 바로 그런 것이다.

Ⅱ. 장자와 현대 사회 비판

<매트릭스>는 가상현실이다.

<매트릭스> 속에서 사람들은 그것이 마치 실제 세상인 듯 착각하며 살아간다.

장자가 바라본 현대 사회, 그것은 매트릭스이다.

현대 세계관이란 낡은 세계관에 바탕을 두고 만들어진 고통의 매트릭스이다.

인공지능 로봇의 발달로 인류의 오랜 꿈이었던 노동의 고역으로부터 해방된 사회가 눈앞에 다가왔지만, 사람들은 '인공지능이 우리 일자리를 빼앗아 간다'고 아우성치면서, 사라져 가는 일자리를 차지하기 위해 아귀다툼을 벌이고 있다.

신기술 혁명으로 인류 전체가 풍요로운 경제적인 삶을 누릴 수 있는 세상이 도래했다. 하지만 '나만 잘살아야겠어', '너를 이기고야 말겠어'라는 생각으로 무장한 인류가 서로 각축을 벌이면서, 전 지구적인 차원에서 양극화와 빈곤화가 심화되고 있다.

'이 세상 모든 존재는 분리되어 있다'는 현대의 낡은 망상 속에서 인류가 고통받고 있는 동안, 문명 위기는 증폭되고, 문명 대파국과 인류 멸종이 점점 우리 앞으로 다가오고 있다.

장자는 말한다.

"현대의 매트릭스에서 깨어나라."
"우리가 서로 분리된 존재이며, 나와 너는 적이라는 어리석은 생각
에서 벗어나라."

1. 끝없는 전란의 사회가 펼쳐지다

'투쟁을 통한 발전'이라는 다윈의 구호는 오늘날 현대의 확고한 신조로 자리 잡았다. 그러나 J. 리프킨(Jeremy Rifkin)이 『한계비용 제로 사회』에서 밝히고 있듯이, 신기술 혁명의 결과로 인류는 점점 더 경제적인 희소자원이 사라진 무한히 풍요로운 사회에 접근해 가고 있다. 지금 인류는 경제적인 희소자원이 사라져 가는 세상에서 경제적인 희소자원을 쟁취하기 위한 살벌한 전쟁을 벌이고 있는 것이다.

'투쟁을 통한 발전'이란 구호는 더 이상 현실과 부합하지 않는다. '투쟁을 통한 고통 증대와 문명 위기 증폭', 이것이 현실이다. 현 인류에게는 조화로운 공존을 위한 능력이 요구되지만, 학교에서는 싸워서 이기는 방법만을 가르친다.

장자는 안타까운 마음으로 말한다.

'나와 너는 싸워야만 하는 적이 아니다.'

'나와 너는 사랑으로 결합해야 할 친구이다.'

1) 이것이냐 저것이냐

『장자』「소요유」편에는 이런 이야기가 나온다.

붕이 남쪽 바다로 날아갈 때는 파도를 일으키기를 3천 리, 회오리바람을 타고 [하늘 높이] 오르기를 9만 리, [그런 뒤에야] 6월의 대풍을 타

고 남쪽으로 날아간다.[12]

　매미와 비둘기가 그를 비웃으며 말한다. '우리는 있는 힘껏 날아올라야 느릅나무나 다목나무[가지]에 머무르지만 때로 거기에도 이르지 못해서 땅바닥에 동댕이쳐진다. [그런데] 어째서 9만 리나 올라가 남쪽으로 가려고 하는가. [터무니없는 공연한 짓이다.]'[13]

　'연작이 어찌 대붕의 뜻을 알랴![燕雀何知大鵬之志]'
　'이것이냐 저것이냐?'
　'아름다운 문명으로의 놀라운 비약이냐?' 아니면 '문명 대파국과 인류 멸종이냐?'
　'우리의 후손들에게 멋진 세상을 물려줄 것이냐?' 아니면 '아무도 살 수 없는 지옥을 물려줄 것이냐?'
　현 인류는 중요한 선택 기로에 서 있다.

　지금 인공지능의 비약적인 발달을 그 중심에 두는 신기술 혁명이 일어나고 있다. 예수가 고대 이스라엘 사회를 완성시키기 위해 온 것이 아니듯, 신기술은 현대 사회를 완성시키기 위해 오는 것이 아니다. 산업혁명이 낡은 중세사회를 무너뜨리고, 새로운 현대 사회의 기술적 하부구조가 되었듯이, 신기술 혁명은 낡은 현대 사회를 무너뜨리고,

---

12　『莊子』,「逍遙遊」, "鵬之徙於南冥也 水擊三千里 搏扶搖而上者九萬里 去以六月息者也".

13　『莊子』,「逍遙遊」, "蜩與學鳩笑之曰 我決起而飛 搶楡枋而止 時則不至而控於地而已矣 奚以之九萬里而南爲".

새로운 탈현대 사회의 기술적 하부구조가 될 것이다.

이렇듯, 새 시대를 맞이하기 위한 새로운 하드웨어인 신기술 혁명이 활발하게 진행되고 있지만, 인류는 아직 현대의 악몽에서 깨어나지 못하고 있다. '인간이 연작(燕雀)밖에 안 된다는 생각', 이 낡은 생각 하나가 문명을 위기로 몰아가고 있다.

'나는 누구인가?'
현대는 답한다.
'나는 연작밖에 안 되는 존재이다.'
'나는 생각하는 존재이다.'
'나는 욕망하는 존재이다.'
'나는 영원한 시간과 무한한 공간으로부터 단절된 고립적인 개체이다.'

인류가 중세의 악몽에서 깨어나야 했을 때, 현대 인간관은 새로운 것이었으며, 요긴한 것이었다. 인류는 현대 인간관의 바탕 위에 중세 암흑시대로부터 벗어나 현대 문명이라는 새롭고 멋진 문명을 건설할 수 있었다. 그러나 현대 문명과 탈현대 문명의 대전환점에 위치해 있는 현재, 현대 문명은 인류가 새로운 문명으로 나아가는 것을 불가능하게 하고, 문명 위기를 증폭시키는 원인으로 작용하고 있다.

지금의 코로나 19 상황을 보자. 코로나바이러스라는 재앙이 인류를 덮쳤다. 우리는 어떻게 코로나 사태를 극복하려 하는가? 각 국가들은 자국 국민들을 코로나 사태에서 해방시키기 위해 백신 쟁탈전을 벌이고 있다. 쟁탈전의 결과는 어떠한가? '백신 양극화'이다.

강대국 국민들은 백신을 맞고, 집단면역을 꿈꾸고 있다. 그러나 빈

곤한 국가들은 백신 확보에 실패해서 나날이 상황이 악화되고 있다. 나만, 나의 국가만, 면역이 형성되면, 코로나의 악몽에서 해방될 수 있을까? 물론 그렇지 않다. 코로나 사태는 너의 문제가 바로 나의 문제라는 것을, 우리는 모두 연결되어 있으며, 궁극적으로 하나라는 사실을 잘 보여 주고 있다.

만일 인류가 지금과 같이 낡은 현대 인간관으로부터 탈피하지 못한다면, 나만, 나의 가족만, 나의 국가만 잘되면 그만이라는 집단망상에서 깨어나지 못한다면, 인류를 기다리고 있는 것은 악몽과 같은 미래이다.

2) 비렁뱅이들의 세상

『장자』「소요유」편에서 장자는 이렇게 말한다.

뱁새가 깊은 숲속에 둥지를 짓는다 해도 불과 나뭇가지 하나면 족하고, 두더지가 강물을 마신다 해도 그 작은 배를 채우는 데 불과하오.[14]

과학기술의 혁명적인 발달에 힘입어, 현대인은 과거 인류가 상상할 수조차 없을 만큼 많은 것들을 누리고 있다. 설거지를 하려면 더운물이 콸콸 나온다. 냉장고 안에는 먹을 것이 가득 쌓여 있다. 온갖 옷들이 옷장에 가득 차 있다. 텔레비전을 틀면, 무희들이 나와 춤을 추고,

---

14 『莊子』, 「逍遙遊」, "鷦鷯巢於深林 不過一枝 偃鼠飲河 不過滿腹".

온갖 프로그램이 홍수를 이룬다. 어디를 갈라치면, 자가용차가 떡 버티고 있다. 주머니 속엔 지구상 무엇과도 바로 연결할 수 있는 스마트폰이 들어 있다.

'제가 더 이상 무엇을 바라겠습니까!'

인류의 입에서 이런 말이 충분히 나올 법한 상황이다. 그러나 현실은 정반대이다. 주위를 돌아보면, 현재에 만족하는 사람을 찾는 것은 쉽지 않은 일이다. 가난한 사람들도 부유한 사람들도 한목소리로 이렇게 말한다. '나는 아직 충분치 않아.' 현대는 거지들의 세상이다.

인류 역사를 돌아보면, 명백하게 현대만큼 많은 것을 누리는 시대는 없었다. 동시에 현대만큼 타는 갈증에 목말라하는 시대도 없었다. 이 역설을 어떻게 설명할 것인가?

이 역설을 설명하는 답은 이것이다. '현대인은 무한한 욕망을 추구한다.' 만일 우리가 무한한 욕망을 추구한다면, 아무리 많이 채워도 결코 채워질 수 없는 밑 빠진 독에 물 붓기를 하는 것이나 다름없다. 그러므로 현대인은 타는 목마름으로 끊임없이 욕망을 추구하지만 결국은 욕망 충족에 실패할 수밖에 없다.

현대인은 왜 무한한 욕망을 추구하는 것일까? 그 답은 현대인이 낡은 현대 인간관의 지배를 받고 있기 때문이다. 현대인은 자신을 하찮은 존재로 여긴다. 그 결과, 현대인은 강박적으로 하찮지 않은 존재가 되고자 하는, 대단한 존재가 되고자 하는, 자아확장투쟁으로서의 삶을 살아간다. 현대인의 자아확장투쟁은 강박적인 것이기 때문에, 적정한 선에서의 만족[知足]이나 멈춤[知止]이 없다.

그래서 끝없는 갈증에 시달리는 현대인은 끝없는 자아확장투쟁으로서의 삶을 살아가고 있다. '더 예뻐지고 싶어.' '더 인기 높은 사람

이 되고 싶어.' '더 젊어지고 싶어.' '더 부자가 되고 싶어.' '더 즐기고
싶어.' '더 오래 살고 싶어.' '일류 대학에 입학하고 싶어.' '명품백을 들
고 싶어.' '버젓한 직업을 갖고 싶어.'

현대인은 자신이 욕망한다고 생각한다. 하지만 사실은 강박적으로
욕망이 되어지는 것이다. 욕망의 노예로서의 삶을 살아가고 있는 것
이다. 현대인은 자신의 욕망을 채워서 행복에 도달하고자 하지만, 현
대인의 욕망은 무한한 것이어서 결코 채워질 수가 없다. 현대인이 실
제적으로 행복해질 수 있는 방법은 무한한 욕망을 채움으로써가 아
니라 '나는 욕망을 채워야만 행복해질 만큼 가난한 존재가 아니다'라
는 사실을 자각함으로써이다.

이런 자각이 생겨났을 때, 우리는 더 이상 욕망에 부대끼지 않고,
자족하며 소요하는 삶을 살아갈 수 있다. 칭찬을 받고자 하는 욕망,
비난을 피하고자 하는 욕망으로부터 해방된 인간…. 어떻게 그것이
가능할까? 그는 더 이상 타는 목마름 속에 한 모금의 물을 찾아 헤매
는 비렁뱅이가 아니기 때문이다.

자족하는 사람, 소요하는 사람, 그가 바로 탈현대인이다. 탈현대인
으로 구성된 사회가 탈현대 사회이다. 우리가 꿈꾸는 문명은 바로 그
런 것이다.

3) 헉헉 소리를 내뿜는 사회

『장자』「대종사」편에서 장자는 말한다.

샘물이 말라 물고기가 [메마른] 땅 위에 모여 서로 [축축한] 물기를 끼얹고, 서로 물거품으로 적셔 줌은 [물이 가득한] 드넓은 강이나 호수에서 서로[의 존재]를 잊고 지내느니만 못하다오.[15]

현대 사회에 가만히 귀를 대어 보면, 세대와 계층을 가리지 않고 사람들이 내뿜는 '헉헉' 소리가 들린다. 물이 말라 버린 개울, 물고기가 물거품으로 자신을 적시고 있는 형국이다. 인공지능 기술을 필두로 신기술 혁명이 일어나면서, 현대 사회 시스템들은 빠른 속도로 무너지고 있다. 산업혁명이 일어나면서, 전현대 사회 시스템들이 붕괴되었던 것과 마찬가지로, 이것은 당연한 현상이다. 그러나 낡은 현대 세계관에 고착되어 있는 인류는 무너져 내리고 있는 현대의 기둥을 애써 부여잡고, 다시 일으켜 세워 보려고 안간힘을 쏟고 있다. 물고기가 물거품으로 자신을 적시려 하듯이….

인공지능 로봇이 인간 노동을 대신하면서, 일터는 사라지고 있고, 결국 '노동 없는 세상'이 우리 곁으로 다가올 것이다. 하지만 젊은이, 중년, 늙은이를 가리지 않고, 사람들은 일터를 찾아 헤매고 있다. 그러나 일자리 자체도 줄어들고, 노동조건도 악화되고 있기에, 현대인은 '헉헉' 소리를 내뿜는다.

어린 나이부터 학교는 아이들에게 지식을 주입하고, 사고력을 계발시키는 데 매진한다. 그러나 인공지능은 길고 고된 교육을 받은 학생들보다 엄청 많이 기억할 수 있고, 엄청 잘 사고할 수 있다. 아이들이 사회에 진출하게 될 10년 후 20년 후가 되면, 지금 아이들이 힘겹

---

15 『莊子』, 「大宗師」, "泉涸 魚相與處於陸 相呴以濕 相濡以沫 不若相忘於江湖".

게 배우고 있는 지식들이 아무런 가치가 없을 것이라는 것을 선생님도 알고 학생도 안다. 무의미한 지식을 가르치고 배우면서 교실 붕괴가 일어나고 있다. 그래서 교단에 서 있는 교사도, 수업을 듣고 있는 학생들도 '헉헉' 소리를 내뿜는다.

전 세계 대통령 후보들은 모두 새로운 일자리를 만들겠다고, 경제를 부흥시키겠다고 공약한다. 국민들은 경제를 성장시키라고, 새로운 일자리를 만들어 내라고 대통령을 윽박지른다. 그러나 세계 어느 대통령도 과거처럼 경제를 고성장시킬 수도 일자리를 늘릴 수도 없다. 그래서 대통령도 장관도 정부 관료들도 '헉헉' 소리를 내뿜는다.

식당을 경영하는 사람들도, 옷가게를 운영하는 사람들도, 아무리 노력해도 장사가 되지 않는다고 아우성이다. 예전엔 노력해서 돈도 벌고, 비싼 차도 사고 했었는데, 요즘엔 살아 보려 발버둥을 치는데도 적자만 쌓여 간다. 자영업자들은 '헉헉' 소리를 내뿜는다.

노인들은 아침에 눈을 뜨면 긴긴 하루를 어떻게 보내야 할지 막막하다. 아무도 찾아오는 사람도 없고, 전화 한 통화 없다. 외로움이 밀려든다. 젊은 시절 노부모 봉양에 힘든 나날을 보냈지만, 늙고 병든 나를 이제 아무도 돌봐 주지 않는다. 노인들은 '헉헉' 소리를 내뿜는다.

재벌 3세들은 약간의 쾌락을 더 쥐어짜 보려고 환각 파티를 벌인다. 부자들은 더 많은 부를 위해 온갖 부정과 편법을 일삼는다. 권세가들은 더 큰 권세를 위해 음모와 모략을 마다하지 않는다. 지배층들도 '헉헉' 소리를 내뿜기는 마찬가지다.

어떻게 '헉헉' 소리를 내뿜는 것을 멈출 수 있을까? 우리는 어떻게 넓은 호수 속을 자유롭게 헤엄치는 물고기가 될 수 있을까? '현대의 환(幻)'에서 깨어날 때, 그것이 가능하다. '남들보다 높은 곳에 올라가야 하고 더 많은 것을 차지해야만 한다'는 터무니없는 생각으로부터 벗어날 때, 그것이 가능하다. 고개만 한 번 돌리면, 우린 메마른 땅에 내팽개쳐진 물고기가 아님을 알 수 있다. 우린 푸른 물결이 넘실거리는 호수 속을 자유롭게 헤엄치는 물고기임을 알 수 있다.

인류는 '현대의 환(幻)'의 바탕 위에 현대 문명을 건설할 수 있었다. 그러나 탈현대 문명 건설은 인류가 '현대의 환(幻)'에서 깨어날 때만 가능하다. 지금 인류는 문명의 파멸과 대도약의 갈림길에 서 있다. 파멸을 벗어나는 좁은 문은 '현대의 환(幻)'을 벗어나는 것이다. 자! 어떻게 할 것인가!

4) 오만과 무례

『장자』「우언(寓言)」 편에서는 노자의 입을 빌려 이렇게 말한다.

> 노자가 대답했다. "너는 눈초리를 크게 치켜뜨고 오만한 모습을 하고 있다. 그런데 누가 함께 있으려 하겠느냐!"[16]

오만한 마음은 아무리 깊은 곳에 감추어도 누구나 바로 볼 수 있다. 양자거(陽子居)는 오만한 마음을 깊이 감추고 겸손의 모양을 취했다. 그러나 사람들은 모두 그의 오만한 마음을 알아채고 그를 멀리한다. 그래서 아무도 그와 함께 있으려 하지 않았으며, 결국 그는 외로

---

16 『莊子』, 「寓言」, "老子曰 而睢睢盱盱 而誰與居".

워졌다.

필자 마음속을 들여다보면, '오만'이라는 교목(喬木)이 관목(灌木)들 사이에서 멀리서도 눈에 확 띈다. '나의 무엇이 그리 잘났단 말인가!' 곰곰 생각해 보니, 내 오만의 중심에는 '외모에 대한 자신감'이 자리하고 있는 것 같다. 눈두덩이 불룩한 것이 봉안(鳳眼)의 모양을 하고 있고, 코는 우뚝하고, 입술은 얇다. 육십이 넘은 나이에도 머리숱이 제법 많이 남아 있고, 몸매는 균형이 잡혀 있다.

'아이 참! 외모가 이렇게 수려한데 어떻게 겸손하라는 거야! 그건 너무 힘들어!', 이런 생각이 든다. 그러나 또 이런 마음도 든다. '굳이 육체의 무상을 체득하는 수행법인 백골관(白骨觀)을 떠올리지 않더라도, 백 년 뒤면 이 멋진 육체가 문드러져서 구더기가 칠공(七孔)을 드나들 텐데, 외모에 대한 오만한 마음이 무엇이라 말인가!'

에고를 나라고 간주하면, 나는 '오만과 비굴', '우월감과 열등감'의 쳇바퀴를 끊임없이 돌게 된다. 그래서 나는 콤플렉스로 가득 찬 고통스러운 존재가 될 수밖에 없다. 콤플렉스로 가득 찬 존재로서의 나는 상처를 받고, 상처를 주는 고통스러운 세계에 함몰된다. 때론 나를 너무 대단하게 여겨서 나의 오만을 향해 웃을 수 없고, 때론 나를 너무 하찮게 여겨서 짓밟히는 나를 구경만 하게 된다.

나를 대단하게 여기는 것도 나를 하찮게 여기는 것도 나에 대한 존경심이 아니기에, 나는 나를 진심으로 존경할 수 없다. 너를 대단하게 여기는 것도 너를 하찮게 여기는 것도 너에 대한 존경심이 아니기에, 나는 너를 진심으로 존경할 수 없다. 나를 존경할 수 없으면, 나를 함부로 대하게 된다. 나에 대한 무례함이 팽배하게 된다. 너를 존경할 수 없으면, 너를 함부로 대하게 된다. 너에 대한 무례함이 팽배하게 된다. 그래서 현대 사회에는 무례함이라는 집단 정신병이 창궐해 있고, 서로가 서로에게 상처를 주면서, 고통스러운 세계는 끊임없이 확대재생산된다.

심지어는 교육이 이루어져야 하는 교실에서조차, 학생들은 선생님을 존경하지 않고, 선생님은 학생을 존중하지 않는다. 선생님과 학생들은 각자 오만의 갑옷을 입고, 무례의 칼을 휘두른다. 이런 상황을 일컬어 교실 붕괴라고 한다. 교실이 붕괴되면, 교육이 이루어질 수 없을 뿐만 아니라 교실에서 많은 고통이 생겨난다. 선생님과 학생은 서로에게 상처를 주어야만 하는 적이 아닌데, 왜 우리는 이렇게 상처를 입히고 상처를 입어야 하나!

이런 이해할 수 없는 현실, 오만과 무례가 판치는 현실, 그 밑바닥에 '나와 너는 모두 영원한 시간과 무한한 공간으로부터 분리된 고립적인 개체'라고 하는 생뚱맞은 현대가 만들어 낸 생각이 있다. 그러나 '나와 너 모두가 영원한 시간과 무한한 공간을 품고 있는 우주적인 존재'임을 자각하는 순간, '콤플렉스의 세계', '환(幻)으로서의 세계'가 사라지고, 겸겸군자(謙謙君子)의 사회가 열리게 된다.

2. 에고의 문명에 갇히다

큰 그림에서 보면, 도와 어긋난 문명인 현대 문명 역시 한때는 도와 합치하는 문명이었다. 이성적인 사회 건설과 풍요로운 사회 건설을 기치로 내걸었던 현대 문명은 현대가 시작되던 무렵, 중세의 어둠에서 인간을 해방시키고, 살기 좋은 사회에 도달하고자 하는 현실적인 노력을 기울이는 문명이었다.

하지만 인류 문명의 여정에서 지나쳐 가야만 하는 간이역에 불과한 현대 문명을 종착역으로 착각하게 되면서, 오늘날 현대 문명은 도와 어긋난 문명으로 전락했다. 지금 일어나고 있는 신기술 혁명은 인류에게 현대를 넘어 아름다운 신문명 건설에 나설 것을 촉구하고 있다. 그러나 현 인류는 여전히 낡은 현대 세계관에 고착되어 있음으로 말미암아, 지금 지구촌에는 새로운 신기술과 낡은 현대 세계관 간의 거대한 문명 충돌이 일어나고 있다.

장자는 말한다. "낡은 현대 세계관의 미망에서 깨어나라!"

1) 경제성장의 광기

『장자』「양생주(養生主)」편에서 포정(庖丁)이 소 잡는 모습에 감탄한 문혜군(文惠君)이 이렇게 질문을 던진다.

> 아! 훌륭하구나. 기술도 어찌하면 이런 경지에까지 이를 수가 있느냐?[17]

포정은 이렇게 대답한다.

> 천리를 따라 [소가죽과 고기, 살과 뼈 사이의] 커다란 틈새와 빈 곳에

---

17 『莊子』,「養生主」, "譆 善哉 技蓋至此乎".

칼을 놀리고 움직여 소 몸이 생긴 그대로를 따라갑니다.[18]

포정은 도에 따라 소를 잡는다. 그러나 현대 사회는 도를 따르지 않는다. 현대 사회는 무도(無道)한 사회이며, 비도(非道)의 사회이다. 이 세상에서 도(道)와 어긋난 것은 에고밖에 없다. 그런데, 현대 사회는 에고에 기초한 사회이다. 그러므로 현대 사회에는 '무도'와 '비도'가 팽배해 있다.

나무든 고양이든 자연 속의 모든 존재는 적정한 선에서 성장을 멈춘다. 자연은 도에 따르기 때문이다. 그러나 현대 사회와 현대인은 무한을 추구한다. 이것은 도와 위배된다. 현대 사회와 현대인은 왜 그런 것일까? 현대인의 심리적인 특징인 결핍감이 강박적으로 욕망을 추구하게 만들기 때문이다. 추구의 원천이 실용적인 것이 아니고 강박적인 것이기에 현대 사회와 현대인의 삶에는 멈춤이 없다.

경제성장의 추구는 그 전형적인 사례이다. 재화나 용역을 생산하고 소비하는 것은 명백하게 인간다운 삶과 좋은 세상에 이르기 위한 수단의 영역이며, 목적이 될 수 없다. 그러나 현대 사회에서 경제성장은 목적의 자리를 차지하고 있다. 그래서 적절한 선에서의 멈춤[知止]과 만족[知足]이 없다. 어떤 국가도 '이제 이만하면 경제성장은 충분하다'고 말하지 않는다.

세계 경제는 계속 성장하고, 이것은 생산과 소비의 지속적인 증대를 의미한다. 과연 지구가 증가하는 생산과 소비를 견딜 수 있겠는가! 세포 중에는 암세포만이 숙주가 죽음에 이를 때까지 성장을 멈추지

---

18 『莊子』, 「養生主」, "依乎天理批大郤 導大窾因其固然".

않는다고 한다. 지구라는 숙주에게 인류는 암세포와 같은 존재가 되어 버렸다.

그래서 오늘날에 이르러 경제성장은 바로 파괴가 되고 있다. 엄청난 쓰레기 배출, 환경오염, 자원고갈, 생태계 붕괴 등은 과도한 경제성장 추구의 직접적인 결과이다. 지구 온난화로 인해 북극 빙하가 녹아내리고, 미세 플라스틱이 온 바다 생명체에서 검출되고 있다. 초미세먼지는 계절을 가리지 않고 건강을 위협한다. 지구 기온이 2도만 더 높아지면, 예측과 통제가 불가능한 상황에 직면할 것이라고 과학자들은 경고한다. 그러나 인류는 경제성장의 추구라고 하는 광기 어린 행진을 멈추지 못하고 있다. 왜냐하면 경제성장은 인간다운 삶을 위한 수단이 아니라 궁극적인 목적이기 때문이다.

외모의 추구, 인기의 추구, 쾌락의 추구, 승리의 추구 등도 원리적으로 보면 경제성장의 추구와 같은 것이다. 현대인은 자신이 너무나 하잘것없는 존재라고 생각하기에, 의미 있는 존재가 되기 위해 발버둥치는 삶을 살아간다. 도와 어긋난 삶을 살아가고 있는 것이다.

도와 어긋난 현대인의 삶과 현대 사회, 이런 지극한 소외를 벗어나기 위해서 우린 무엇을 해야 할 것인가? 인간이 '자신을 둘러싸고 있는 시공간으로부터 분리된 고립적인 개체[에고]'라고 하는, 그래서 하찮은 존재라고 하는, 새로운 시대와 조화를 이룰 수 없는 낡은 현대 인간관을 폐기해야만 한다. 그리고 우리는 온 우주를 자신 안에 품고 있는, 위대하며 의미로 넘치는 존재라고 하는 탈현대 인간관을 받아들여야만 한다.

인간관의 대전환을 이룬 다음 인류는 무엇을 해야 하는가? 탈현대 인간관의 바탕 위에서 수행을 통해 존재 변화를 이루어 내어야 한다.

그래서 우리는 겸손하고, 관용하며, 기쁨에 넘친 탈현대인으로 새롭게 태어나야 한다.

인류가 에고로부터 '참나'로의 존재 혁명을 이룰 수 있다면 어떤 일이 벌어질 것인가? 이것은 아름답고 멋진 신문명인 탈현대 사회의 도래를 의미한다. 탈현대 사회는 도와 합치하는 새로운 사회이다.

새로운 시대가 도래하면, 우리는 포정이 소를 잡는 것과 같은 방식으로 삶을 영위할 것이다. 밥을 먹을 때도 식탐에 사로잡혀 허겁지겁 먹어 대지 않고, 도와 하나 되어 행복한 식사를 할 것이다. 설거지를 할 때도 그릇을 탕탕거리며 짜증 속에서 하지 않고, 그릇과 하나 되어 즐거운 설거지를 할 것이다. 우리의 걸음걸이는 조급하지 않고 평화로울 것이다. 우린 현대인이 진부하게 여겼던 일상 속에서 보석을 발견하고 기쁨을 느낄 것이다. 우리는 꽃 이름을 외우는 데 소중한 삶을 허비하지 않고, 꽃의 기쁨과 슬픔을 함께할 것이다.

2) 명예의 표적이 되지 말라

『장자』「응제왕(應帝王)」 편에는 이런 구절이 있다.

　명예의 표적이 되지 말라. 모략의 창고가 되지 말라. 일의 책임자가 되지 말라. 지혜의 주인공이 되지 말라.[19]

19 　『莊子』, 「應帝王」, "無爲名尸 无爲謀府 无爲事任 无爲知主".

그러나 현대는 명예의 표적이 되기를 희구한다. 모략의 창고가 되어 상대편을 물리치려 한다. 일의 책임자가 되기를 소원한다. 지혜의 주인공이 되기를 갈구한다. 대학에서 생활해 보면, 총장이 되는 것이 많은 교수들의 꿈이다. 학장이나 처장과 같은 보직을 희구하는 교수들도 많다. 총장 선거에서 떨어지면, 큰 실망감을 느끼는 교수들이 많았다. 어쩌면 이런 희구가 너무나 당연한 것으로 간주되어, 이를 이상하게 여기는 것이 이상할 지경이다.

그러나 필자가 볼 때 이런 현상은 무척 이상해 보인다. 보직을 하면, 자기 생활의 많은 부분을 보직 수행에 쏟아부어야 하고, 당연히 연구와 강의는 소홀해지기 쉽다. 삶이 분주해지고, 힘들어진다. 총장은 말할 나위도 없다. 그런데도 많은 교수들이 총장이나 보직교수가 되고자 하는 것은 아마도 명예를 중히 여기기 때문이지 않을까 싶다.

왜 현대 사회에서는 명예가 이렇게 중시되는 것일까? 결벽증 환자들이 깨끗함을 추구하는 이유는 자신 안에 더러운 것이 있기 때문이다. 프로이트의 생각을 빌린다면, '아빠를 죽이고 엄마를 차지하고 싶다'는 5세 전후의 아이가 느끼는 욕망이 잘 억압되지 않았을 때, 성인이 된 후에도 이 더러운 욕망이 의식으로 올라오려고 하면, 거기에 대한 반동형성으로 깨끗함을 강박적으로 추구하게 되는 것이다.

현대 사회에서 명예의 추구도 결벽증 환자들의 깨끗함에 대한 추구와 같은 기제가 작용하는 것 같다. 현대 인간관의 관점에서 보면, 나는 하찮은 존재이다. 별로 명예롭지 않은 존재이다. 그래서 현대인은 하찮은 존재에서 벗어나기 위한 강박적인 노력을 기울이게 된다. 명예의 추구는 이런 현대의 강박적인 노력의 사례이다. 강박적인 노력은 적당한 선에서의 만족이나 멈춤이 불가능하다. 모든 강박적인 추구의 결과는 고통과 불행인데, 현대인도 이런 운명에 처해 있는 것이다.

탈현대 사회는 자아확장투쟁이 종식된 사회이다. 탈현대인에게 명예는 아무런 가치도 없다. 탈현대인은 원하는 것을 갖기 위해 머리를 짜지도 않는다. 높은 지위에 오르고자 하지도 않는다. 지혜를 추구하지도 숭배하지도 않는다. 현대인이 고통의 바다를 벗어날 수 없는 것은 자아확장투쟁으로서의 삶을 벗어날 수 없기 때문이다.

필자가 사는 집은 10층 아파트의 9층인데, 집 앞에 커다란 산이 위치해 있다. 우리 동과 집 앞산 사이에 하나의 동이 있다. 필자가 안락의자에 누워 창밖을 바라보면, 아래쪽 반은 앞 동이 보이고, 위쪽 반은 하늘과 산이 보인다. 예전엔 산을 가로막고 있는 앞 동이 많이 보였는데, 언제부터인가 산과 하늘이 더 많이 보인다. 언제부터일까 왜일까 생각해 보았다. 곰곰이 생각해 보니, 필자가 자아확장투쟁의 삶에서 조금씩 물러날수록, 하늘이 조금씩 더 많이 보인 것 같다.

요즘 대부분 대학은 업적평가에 따른 연봉제를 실시하고 있다. 젊은 시절 필자는 높은 업적평가를 받기 위해 많은 노력을 기울였다. 그래서 좋은 등급을 받고, 다른 교수들보다 월급도 더 많이 받았다. 그런데 어느 날 이런 생각이 들었다. '나는 세상으로부터 참 많은 것을 선물 받았구나.' '이제 남은 생은 세상으로부터 받은 것을 돌려주는 데 써야 하지 않을까.' '이젠 세상으로부터 조금 더 많은 것을 얻어내려는 삶으로부터 세상을 위해 베푸는 삶을 살아가야 하지 않을까.'

그래서 필자는 '이젠 나를 위한 글쓰기를 중지해야겠다.' '나를 통해 세상에 유익이 될 수 있는 글만을 써야겠다.' 이렇게 마음먹었다. 하지만 어느 틈에 내 삶은 '나를 높이는 삶'으로 되돌아가 있는 것을 발견하곤 했다. 그러나 그럴 때마다 다시 그날의 다짐을 되새겼다. 그

랬더니 조금씩 변화가 생기는 것이었다. 창원에 사시는 장모님이 많이 편찮으셔서 아내와 나는 자주 대구-창원 고속도로를 오간다. 아내는 피곤해 옆자리에서 잠들 때가 많은데, 혼자서 운전을 하다 보면 하늘이 예전보다 더 넓어 보이고 더 아름답게 느껴졌다. 장자가 위에서 인용해 놓은 구절에 이어 말한 '허심(虛心)이 바로 이런 것이로구나.' 싶었다.

내 마음에서 얻고자 하는, 갖고자 하는, 마음이 조금 비어지자, 그 빈자리에 하늘이 들어오는 것이었다. 대구-창원 고속도로변은 경치가 빼어난 구간은 아니지만, 해 질 무렵 운전을 하면서 아름다운 경관에 황홀할 때가 많아졌다.

'행복은 결코 더 높은 곳에 올라가려는 노력을 통해 더 많은 것을 쟁취했을 때 얻어지는 것이 아니로구나.' 하는 자각이 생겼다. 내 마음에 빈자리가 조금 생기니, 하늘도 들어오고, 시름에 겨운 장모님의 마음도 내 마음에 들어오는구나. 사람들이 안고 살아가는 마음의 상처도 내 마음에 들어오고, 산책길 벤치에 다정히 앉아 있는 노부부의 아름다운 모습도 내 마음에 들어오는구나.

'조금 더 높은 곳에 오르고자 조금 더 많은 것을 차지하고자' 애를 태우며, 삶을 낭비해 왔던 나 자신을 떠올렸다. 그리고 아직도 그 속에서 신음하는 많은 현대인에게 안타까운 마음이 들었다. 행복은 쟁취하는 것이 아니라 내 마음속에서 그냥 흘러나오는 것임을 알고 있었던 장자는 안타까운 마음으로 「응제왕(應帝王)」을 써 내려갔을 것이다. 우리가 장자의 말씀에 귀 기울인다면 탈현대는 그리 멀지 않은 곳에 있을 것 같은 생각이 든다.

3) 절성기지(絶聖棄知)

『장자』「거협(胠篋)」편에서는 이렇게 말한다.

　　때문에 성인을 근절하고 지혜를 내버리면 큰 도둑은 없어진다.[20]

　'성인을 근절하고 지혜를 내버림[絶聖棄知]', 이것은 장자에서 되풀이되는 사회문제에 대한 해법이다. 물론 이때 성인과 지혜는 도(道)와 어긋난 성인이요 지혜이다. '절성기지(絶聖棄知)'의 바탕 위에서 장자는 거듭 노자가 주창하는 소국과민(小國寡民)의 사회를 대안으로 제시한다.

　『장자』에서는 왜 이런 주장이 되풀이되는 것일까? 그것은『장자』가 집필된 시대가 춘추전국시대라고 명명된 끝없는 전란의 시대의 한가운데였기 때문이다. 전쟁기술 발명과 군사적인 전략전술가 배출이라는 측면에서 보면, 중국 역사에서 이보다 빼어난 시대는 없을 것이다.

　그러나 이 시대의 다양한 기술 발명품들과 뛰어난 군사전략가들이 전란의 시대가 만들어 내는 고통을 없애 주었던가? 결코 그렇지 않았다. 오히려 이것들은 전란의 시대를 더욱 혹독한 상황으로 몰고 가는 원인으로 작용했다. 도와 어긋난 도덕, 법률, 기술은 욕망 추구의 가면이거나 도구로서의 도덕, 법률, 기술이어서, 이것은 사회 혼란을 부추기고 사회적인 고통을 양산했던 것이다.

　춘추전국시대에 벌어졌던 일들은 기술 발명이 소인배의 손에 들

20　『莊子』,「胠篋」, "故絶聖棄知 大盜乃止".

어갔을 때 얼마나 황폐한 결과를 가져올 수 있는가를 잘 보여 준다. 오늘날 기술 발전의 속도는 눈부시다. 그러나 누가 새로운 기술 발명품들을 장악하고 있는가? 현대인, 소인들이다. 만일 인류가 존재 혁명을 이루어 내지 못한다면, 신기술 혁명이라고 하는 지금 진행 중인 기술의 놀라운 발달은 결국 문명 종말과 인류 멸종으로 이어질 것이다.

이런 의미에서 장자의 문명비판은 현시대의 사회문제 인식에 커다란 도움을 줄 수 있다. 문제가 비교할 수 없을 만큼 더 증폭되어 있기는 하지만 장자의 문명비판은 우리 시대에도 그대로 적용될 수 있다.

장자 시대와 마찬가지로, 도덕과 법률이 자신이나 자신이 속한 집단의 이익을 달성하기 위한 도구로 사용되는 것을 수없이 목격할 수 있다. 베트남 전쟁과 같이 지극히 부정의한 전쟁에 참여하면서조차도 미국 정부는 정의를 주창했었고, 거대 로펌 소속 변호사가 돈 많은 사람들의 시녀가 되어 그들의 부정을 은폐하고 변호하는 일은 너무나 흔한 일이다.

더 심각한 문제는 도와 어긋난 기술 사용이다. 전국 시대와 이 시대 간에는 기술력의 엄청난 차이가 존재한다. 활이나 칼이 갖고 있는 살상력과 핵무기나 독가스가 갖고 있는 파괴력은 차원이 다르다. 현대는 기술을 갖고 있는 주체의 욕망 충족을 위해 '도와 어긋난 방식으로' 기술을 사용하고 있기 때문에 문명 존속 자체를 위협하는 심각한 문제가 발생하고 있다. 대기오염이나 수질오염을 포함한 환경문제, 생명체의 멸종으로 귀결되는 생태계 붕괴 문제, 파국적인 세계대전의 위협 등은 그 전형적인 사례이다.

문제는 미래이다. 기술이 문제가 아니다. 기술을 갖고 있는 인간이 누구인가가 문제이다. 특이점이 올 때까지, 그래서 기술 폭발이 일어날 때까지 기술이 수확가속의 법칙에 따라 기하급수적으로 발달할 것이라는 점은 자명하다. 인류는 이런 놀라운 기술들을 창조적으로 사용할 수 있는 준비가 되어 있는가? 전혀 그렇지 않다. 만일 현재와 같이 도가 어긋나는 존재 상태로 인류가 신기술 혁명을 맞이한다면 어떻게 될까? 파국적인 미래가 인류를 기다리고 있다. 이미 수많은 SF 영화들은 예외 없이 문명이 파괴된 어두운 미래를 그리고 있다.

그렇다면 『장자』에서 제시하는 '자연으로 돌아가라'는 해법은 현 인류에게 의미를 가질 수 있는가? 그렇지 않다. 과거 사회에서도 기술과 인위적인 문명을 없애고 '자연으로 회귀'한 사례는 없었다. 이것은 불가능하기도 하지만 바람직하지도 않다. 과학기술 시대를 살고 있는 현 인류의 경우는 더욱 그러하다.

'되를 쪼개고 저울을 분질러 버리라'는 주장의 오류는 무엇일까? 실질적인 문제는 '도와 어긋난' 문명인데, 『장자』에서는 문명 그 자체를 문제시하고 있다는 점이다. 변해야 할 것은 '도와 어긋난' 문명이다. 그러므로 문제 해법은 '자연으로 돌아가는 것'이 아니라 '도와 합치하는 문명'을 건설하는 것이다. 도와 합치하는 문명 건설의 실질적인 의미는 무엇인가? 인류가 도와 어긋난 에고의 존재 상태에서 도와 합치하는 '참나'의 존재 상태로 존재의 수직적인 비약, 존재 혁명을 이루는 것이다. 이것이 우리가 향해 가야 할 미래 사회의 모습이다.

4) 도덕과 윤리라는 족쇄

『장자』「마제(馬蹄)」 편에는 이런 구절이 있다.

도공(陶工)은 "나는 흙 만지는 솜씨가 뛰어나다. 둥근 것을 만들면 그림쇠에 착 들어맞고, 네모진 것을 만들면 곱자에 꼭 들어맞는다."고 한다. 목수는 "나는 나무 다루는 솜씨가 뛰어나다. 굽은 것을 만들면 그림쇠에 착 들어맞고, 곧은 것을 만들면 먹줄에 꼭 맞는다"라고 한다. [그러나] 흙이나 나무의 본성이 어찌 그러한 척도(尺度)에 들어맞기를 바라겠는가![21]

『장자』를 읽다 보면, 장자의 뛰어난 사회학적 상상력에 깜짝 놀랄 때가 많다. 이 구절도 그중 하나이다. '윤리와 도덕, 사회규범이 족쇄가 되어 인간 본성을 해칠 수 있다는 생각', 이것은 현대 사회학자들도 생각하기 힘든 일인데, 어떻게 2,400년 전의 사상가에게 이것이 가능했을까? 감탄사가 나오는 대목이다.

톨레는 『NOW』(원제: A New Earth)에서 석가모니, 노자와 장자, 예수 등 오래전에 깨달음을 얻은 성인들을 '철 이르게 피어난 꽃'에 비유했다. 특히 도가 사상은 이런 톨레의 평가가 잘 들어맞는 경우인 것 같다. 이런 이유로 동아시아 역사에서 도교가 아니라 도가 사상은 오늘에 이르기까지 한 번도 주류 사상의 위치를 차지해 본 적이 없다. 조선 사회에서도 도가 사상은 은퇴한 관리가 만년에 귀의하는 유가 사

---

21 『莊子』, 「馬蹄」, "陶者曰 我善治埴 圓者中規 方者中矩 匠人曰 我善治木 曲者中鉤 直者應繩 夫埴木之性 豈欲中規矩鉤繩哉".

상의 보완물 정도였다고 해야 할 것이다.

법가 사상이 전국 시대 군웅을 위한 사상이었다면, 유가 사상은 한(漢) 유방(劉邦) 이후 치세의 학으로 자리 잡았다고 할 수 있고, 묵가 사상은 현대 사회와 잘 어울리면서 오늘날에 이르러 빛을 조금 보는 것 같다. 그렇다면 도가 사상은? 도가 사상은 인류의 새로운 미래, 탈현대를 위한 사상이라고 평하는 바이다.

윤리와 도덕, 사회규범은 문명 건설을 위해 꼭 필요한 발명품이었고, 최고의 발명품이었다. 그러나 다른 한편으로 보면, 이것은 인간의 자연 본성을 해치는 것이기도 하다. 도(道)의 관점에서 보면, 지금까지 인류 문명의 출현과 발달은 에고에 바탕을 둔 것이었기에, 문명 그 자체가 도로부터의 이탈인 것이다.

그래서 사회학적 상상력이 충만했던 18세기 J. J. 루소(Jean Jacques Rousseau, 1712~1778)는 '자연으로 돌아가라'고 선언했다. 아마도 루소는 현대의 출발점에서 현대의 끝을 본 유일한 계몽사상가였을 것이다. 1960년대 미국을 중심으로 일어난 히피는 규격화된 현대적인 삶에 반기를 들었다.

직접적인 연관성을 찾긴 어렵지만, 본질적인 측면에서 보면, 루소도 히피도 도가 사상의 후예라 해도 마땅하겠다. 현대의 여명기에 루소는 이미 탈현대를 말했고, 현대가 최고조에 달한 현장에서 히피는 현대로부터의 탈피를 외쳤다. 그러나 그들의 대선배인 장자는 B.C. 4세기에 이미 탈현대의 꿈을 그리고 있었던 것이다. 이 어찌 놀랍지 아니한가!

문명이 시작되기 전, 자연만이 존재했고, 따라서 도와 어긋난 것은 하나도 없었다. 호모 사피엔스라는 무척 큰 뇌용량을 갖고 있던 지구촌의 새 종족에게, 자신을 둘러싸고 있는 세계와 자신을 구분 짓는 에고가 생겨났고, 이것이 문명의 시작점이 되었다. 현대기에 이르러 도로부터의 이탈은 극에 다다랐다. 우린 어디로 가야 하는가? '에고의 깊은 꿈'에서 깨어나 도를 회복해야 한다. '도가 회복된 그곳', 거기가 바로 탈현대 사회이다.

노자와 장자는 문명 자체가 하나의 질병임을 통찰한 최초의 사상가일 것이다. 그들 사상은 오랫동안 왜곡되었고, 언제나 유가 사상의 그림자에 머물러야 했지만, 이제 긴 잠에서 깨어날 때가 되었다. 문명에 의해 훼손된 인간 본성을 회복하는 인류적인 차원에서의 탈현대 문명 건설 프로젝트에서 그들은 행렬의 선두에 서게 될 것이다. 우리는 그림쇠가 더 이상 우리 삶을 재단하지 않는 사회를 희구하고 있고, 마침내 감격스럽게 장자의 인솔 아래 탈현대의 성안으로 들어서게 될 것이다!

2부

탈현대의 비전-대붕의 비상

장자는 큰 꿈을 꾸었다.

그것은 에고로부터의 자유를 얻은 인류가 하늘 높이 솟구쳐 오르는 꿈이었다.

그러나 대붕은 하늘로 솟아올라 날아갈 수 없었다.

대붕의 날개를 받쳐 줄 엄청난 공기가 없었기 때문이다.

지금 엄청난 공기가 쌓이고 있다.

신기술 혁명의 결과로 인류는 힘겨운 노동과 경제적인 희소가치로부터의 자유를 누릴 수 있는 새로운 시대를 맞이하고 있다.

새 시대의 하드웨어로서의 인공지능과 소프트웨어로서의 장자가 만났을 때, 어떤 일이 일어나게 될까?

탈현대적인 삶과 사회라고 하는 인류가 꿈꾸지도 못 했던 놀랍고 아름다운 미래가 펼쳐질 것이다.

대붕의 비상이 이루어질 것이다.

2부에서는 장자 사상의 바탕 위에서 미래에 펼쳐질 놀라운 삶과 사회의 모습을 그려 볼 것이다.

I. 장자와 탈현대적인 삶의 비전

현대인의 꿈은 무엇일까?

연작(燕雀)인 내가 보다 높은 곳까지 팔딱팔딱 뛰어오르는 것이다.

남들이 부러워하는 명품백을 둘러메고,

멋진 외모에 대한 찬사를 들으면서,

깊은 밀실에 금붙이를 잔뜩 쌓아 놓고,

남들이 가고 싶어 하는 일류 대학에 입학하고,

남들이 얻고 싶어 하는 일류 직장에 다니는 것.

탈현대인의 꿈은 무엇일까?

대붕(大鵬)이 되어 하늘 높이 솟구쳐 유유히 날아가는 것이다.

칭찬과 비난, 두려움과 욕망으로부터의 자유를 누리는 것이다.

도와 하나가 되어 아름다운 삶의 춤을 추는 것이다.

소요로서의 삶을 살아가는 것이다.

장자는 대붕의 유유한 비행으로서의 탈현대적인 삶에 대한 비전을
보여 준다.

1. 대붕이 날아오르다

탈현대적인 삶이란 에고의 속박으로부터의 자유를 누리는 삶이다. 현대인은 커다란 짐가방을 짊어지고 산다. 근심, 심각함, 분노, 기쁨과 슬픔, 열등감과 우월감, 성공과 승리에 대한 강박, 권력욕, 욕망에 대한 집착, 불안감, 무의미감, 무력감, 우울, 좌절감, 두려움 등 현대인이 짊어지고 살아가는 짐의 목록은 끝이 없다. 얼마나 힘겨운 발걸음일까!

탈현대적인 삶이란 모든 에고의 짐가방으로부터 해방된 삶이다. 탈현대인은 칭찬과 비난으로부터의 자유를 누린다. 탈현대인은 심각함으로부터의 자유를 누린다. 탈현대인은 근심으로부터의 자유를 누린다. 탈현대인은 분노로부터의 자유를 누린다. 탈현대인은 기쁨과 슬픔으로부터의 자유를 누린다.

1) 칭찬과 비난으로부터의 자유

『장자』「소요유」 편에서는 이렇게 말한다.

그리고 세상 모두가 칭찬한다고 더욱 애쓰는 일도 없고, 세상 모두가 헐뜯는다고 기가 죽지도 않는다.[22]

칭찬과 비난으로부터 자유로울 수 있다면, 삶은 얼마나 가벼운 것

---

22 『莊子』, 「逍遙遊」, "且擧世而譽之而不加勸 擧世而非之而不加沮".

이 될까? 탈현대적인 삶이란 칭찬과 비난으로부터의 자유를 누리는 삶이다.

필자는 어려서부터 지금에 이르기까지 주위로부터 미움을 많이 받아 왔다. 필자는 위로 누나 여섯 명을 두고, 일곱 번째 아이이자 장남으로 태어났다. 어머니는 비장한 마음으로 식칼을 옆에 두고 산파 없이 일곱 번째 아기인 필자를 낳으셨다. 필자가 아들이어서 두 목숨을 구했다. 그래서 필자는 아기 때부터 귀남이로 어린 시절을 보냈다. 필자는 중학교에 입학할 때까지 한 번도 직접 세수를 한 적이 없었다. 누나들이 제일 싫어했던 일이 어머니에게 그날의 필자 세수 담당으로 지명당하는 것이었다. 그래서 필자는 지금도 깨끗하게 씻지 못한다.

필자가 주위로부터 본격적으로 미움을 받기 시작한 것은 초등학교 입학 후였다. 필자는 학급 친구들이 집안에서처럼 나를 떠받들어 주지 않는 낯선 상황에 당황스러웠다. 필자가 의도치 않게 갖게 되었던 거만스러운 태도는 친구들을 불편하고 불쾌하게 했고, 자연히 그들은 필자를 싫어했다. 집에서 미움받은 경험이 없었던 필자는, 미움을 받으면서 고통스러워했고, 도대체 친구들이 왜 나를 미워하는지 이해할 수 없었다.

주위로부터의 미움은 나이가 많아져서도 계속되었고, 필자의 고통도 계속되었다. 미움을 받아 본 사람은 알겠지만, 미움은 아무리 되풀이 받아도 고통스럽다. 필자가 오십 살을 넘겼을 때, 필자가 재직하고 있는 대학 한학촌에서 김기태 선생님이 개설한 〈나를 찾아 떠나는 경전 여행〉이란 강좌가 열렸는데, 이 수업을 들으면서 필자는 처음으로 마음공부를 배우게 되었다. 그리고 '내가 주위 사람들로부터 미움을 받아 마땅하다는 놀라운 사실'을 알게 되었다. 이 발견은 필자의 삶에 커다란 영향을 주었다.

　이 발견으로 인해, '저 사람은 왜 이유 없이 나를 미워하는 것일까?'라는 의문이 사라졌다. 생각해 보니, 필자가 누군가를 미워할 때, 이유 없이 미워한 적이 한 번도 없었다. 이 간단한 이치를 왜 깨닫지 못했을까? 여하튼 사람들이 필자를 미워할 때, 분명한 이유가 있다는 것을 알고 난 후, 사람들이 필자를 미워하는 데 대한 거부감이 약해졌다. 미움을 받아들일 수 있게 된 것이다. 미움을 받아들이고 나니, 미움을 받을 때, 여전히 고통스럽긴 하지만 고통의 크기가 줄어들었다. 여전히 미움을 받는 가운데, 미움받음으로부터의 자유를 조금씩 누릴 수 있게 된 것이다.

　미움받음으로부터의 자유는 에고로부터의 자유이다. 미움받는 나는 언제나 나의 에고이다. 미움받는 나의 에고가 '참나'가 아니라는 사실을 자각하면, 나는 점점 '미움받을 수 있는 능력'이 커지게 된다. 여전히 미움을 받지만 미움받음은 예전처럼 나에게 큰 영향을 미치지 않게 된다. 이제 나는 내가 받은 미움을 상대편에게 되돌려 주는 '미움의 악순환'에 빠지는 대신, '미움받는 나'를 돌볼 수 있게 된다.

　이 세상에 미움을 받고 싶어서 받는 사람은 없다. 나도 마찬가지다. 나는 어쩔 수 없이 미움받는 것이다. 그래서 나는 '미움받는 나'를 용서해 줄 수 있다. 어쩔 수 없이 미움받는 나는 가엾다. 그래서 나는 '미움받는 나'를 가엾이 여겨 주고, 따뜻하게 품어 줄 수 있다. 사랑스럽지 않은 나[미움받는 나]를 사랑할 수 있는 능력이 생겨나는 것이다.

　미움받을 수 있는 능력이 커지고, 미움받는 나를 사랑할 수 있는 힘이 세어질수록, 나는 점점 더 주변의 비난이나 칭찬으로 인한 마음의 출렁임이 줄어들었다. 장자가 말한 '세상 모두가 칭찬한다고 더욱

애쓰는 일도 없고, 세상 모두가 헐뜯는다고 기가 죽지도 않는' 사람에
한 걸음 가까워진 것이다.

칭찬과 비난으로부터의 자유를 누리는 그가 바로 탈현대인이며, 그
의 삶이 바로 탈현대적인 삶이다. 그는 더 이상 칼날을 잡고 상대편의
비난과 칭찬에 연연하는 삶을 살아가지 않는다. 그는 이제 칼의 손잡
이를 잡고 비난과 칭찬으로부터의 자유를 누리는 탈현대적인 삶을
살아간다.

2) 아무것도 아니야

『장자』「외물(外物)」편에는 이런 구절이 나온다.

> 요(堯)가 허유(許由)에게 천하를 주려고 하자 허유가 도망쳐 버렸다.[23]

왜 허유는 도망쳐 버렸을까? 허유에게 천하란 아무것도 아니었기
때문이다.

드라마 〈나의 아저씨〉에서 동훈은 자신이 다니는 회사 사장과 아
내가 바람을 피운다는 사실을 알게 된다. 그는 동훈의 대학 후배이기
도 한데, 대학 때부터 동훈은 그를 무척 싫어했다. 아내와 그의 외도
사실을 알고, 동훈은 무척 괴로워한다. 사장의 획책으로 동훈은 직장

---

23 『莊子』, 「外物」, "堯與許由天下 許由逃之".

에서도 쫓겨날 위기에 처한다. 삶의 위기 속에서, 동훈은 돌아가신 아버지를 그리워한다. 아버지는 동훈이 어려움에 처했을 때마다 '아무것도 아니야'라고 말하며 그를 위로해 주셨기 때문이다. 동훈의 전화를 도청하던 지안은 이런 동훈의 이야기를 엿듣고 진심을 담아 동훈에게 말한다. '아무것도 아니에요.'

지안은 어린 시절 아픈 기억을 갖고 있다. 초등학교 때, 엄마가 사채업자에게 빚을 지고, 달아났다. 그래서 지안은 할머니 손에서 자랐다. 악덕 사채업자는 수시로 찾아와 빚을 빨리 갚으라며 할머니를 구타했다. 하루는 지안이 보는 앞에서 사채업자가 할머니를 심하게 구타했고, 지안은 우발적으로 식칼을 들어 사채업자를 찔러 죽였다. 그날 이후, 지안은 사람들이 살인자인 자신을 알아 버리면 어쩌나 하는 불안에 시달린다. 동훈은 따뜻한 어조로 말한다. '아무것도 아니야.'

현대인에게는 '아무것도 아닌 것이 없다.' 아내가 바람을 피우는 일도 심각하고, 직장에서 쫓겨날 위기에 처한 것도 심각하다. 내가 사람을 죽였다는 것도 심각하다. 좋은 일이 생겨도 심각하고, 나쁜 일이 생겨도 심각하다. 그래서 현대인은 좋은 일이 생기면 좋은 일의 노예가 되고, 나쁜 일이 생기면 나쁜 일의 노예가 된다.

방탄소년단이 뉴욕 메츠 홈구장 시티필드에서 공연했다. 공항에서부터 마중 나온 많은 팬들이 피켓을 흔들며 요란하게 환호한다. 공연장에서는 서양 관객들이 한글 가사로 노래를 따라 부른다. 으쓱한 마음이 든다. '난 참 대단해!'라는 생각이 든다. 과연 그럴까?

나는 이 년 전 대학을 졸업한 청년실업자다. 번번이 입사시험에 떨어졌고, 이젠 구직을 거의 포기해 버렸다. 세상이 나를 보는 눈초리가 따갑다. '넌 한심한 놈이야!', 이렇게 세상이 나에게 말하는 것 같다.

스스로 생각해도 난 참 한심한 놈인 것 같다. 과연 그럴까?

탈현대인은 다르다. 세상이 나를 대단한 사람이라고 칭송할 때, 난 이렇게 말한다. '난 대단한 사람이 아니에요. 사실은 난 참 대단한 사람인 것이 맞지만 그것은 당신들 모두가 대단한 사람이라는 전제하에서만 타당한 말이에요.' 세상이 나를 하찮은 존재라고 손가락질할 때, 난 이렇게 말한다. '난 당신들이 생각하는 그런 사람이 아니에요. 난 사랑을 느낄 수 있고, 아름다운 것들의 아름다움을 느낄 수 있는 참 멋진 사람이에요.'

탈현대인은 말한다. '아무것도 아니에요.' 내 마음속에 '난 참 대단해!'라는 생각이 떠오를 때도, 내 마음속에 '난 참 하찮은 놈이야!'라는 생각이 떠오를 때도…. 뛸 듯이 기쁜 일이 생겼을 때도, 너무 나쁜 일이 생겼을 때도…. 그래서 탈현대인은 난 대단하다는 생각으로부터도, 난 하찮다는 생각으로부터도, 좋은 일로부터도, 나쁜 일로부터도 자유롭다.

더군다나 부귀나 명성 같은 하찮은 것을 얻기 위해서 삶을 낭비하지 않는다. 현대인에게 '천하를 얻는다'는 것은 엄청난 일이다. 그러나 탈현대인에게 '천하를 얻는다'는 것은 아무것도 아닌 일일 따름이다.

'너는 대단한 사람이야' 또는 '너는 하찮은 사람이야', 이렇게 세상이 나를 바라보는 시선을 받아들이기를 거부할 때, 현대인은 탈현대인이 되기 시작한다. 그는 이제 더 이상 세상의 시선에 따라 춤추는 광대가 아니다. 그는 비로소 자신 안에 숨겨져 있었던 비밀을 발견하기 시작한다. 아름답게 빛나는 자신과의 만남이 시작된다.

〈완벽한 타인〉이란 영화가 있다. 영화의 마지막 내레이션은 이랬다. '누구나 세 개의 삶이 있다. 공적인 삶, 개인적인 삶, 비밀의 삶.' 이때 비밀은 들켜서는 안 될 추악한 나의 모습이다. 영화 속 주인공들은 상대편의 비밀을 알고 나서 실망하고 상처받고 공격하고 비난하고 싸우고 헤어진다. 이것이 현대의 비밀이다.

탈현대의 비밀은 다르다. 그것은 나의 숨겨진 아름다움 그리고 너의 숨겨진 아름다움이다. 비밀을 알게 되었을 때, 기쁨을 느끼고 사랑하고 행복해진다. '너는 정말 나쁜 아이야'라는 말만 들어온 지안은 자신을 나쁜 아이라고 생각한다. 그런데 어느 날, 동훈이 진심에서 우러난 지안에 대한 감탄사를 내뱉는다.

'착하다!'

지안은 비로소 자신이 아주 착한 아이임을 알게 된다. 비밀의 문이 열린 것이다. 너와 나의 비밀의 문이 열린 그곳, 그곳이 바로 탈현대의 영토다.

3) 근심으로부터의 자유

『장자』「선성(善性)」 편에서는 이렇게 말한다.

> 그 [자연스러운] 즐거움은 벼슬자리에 있건 곤궁에 빠져 있건 똑같다. 그러므로 걱정도 없을 뿐이었다.[24]

그러나 현대인은 벼슬자리에 있건 곤궁함에 빠져 있건, 근심을 벗

---

24 『莊子』,「善性」, "其樂彼與此同 故无憂而已矣".

어나지 못한다. 현대인의 근심은 무엇일까? 곤궁한 처지에 있을 때는 얻지 못할 것을 근심하며, 벼슬자리에 있을 때는 얻은 것을 잃어버릴까 근심한다. 현대인은 왜 얻지 못할 것을 근심하며, 얻은 것을 잃어버릴까 근심하는 것일까? 만일에 내가 원하는 것을 얻지 못한다면, 또 애써 얻은 것을 잃어버린다면, '나는 무의미한 존재가 될 것'이라는 두려움 때문이다.

톨레는 '두려움'과 '욕망'이 현대인의 마음속 핵이라고 말한다. 현대인이 갖고 있는 두려움의 원천은 무엇일까? 낡은 현대 인간관이다. 현대인은 자신을 시공간적으로 닫혀 있는 유한한 개체로 인식한다. 다시 말하면, 현대인은 자신을 '하찮은 존재'로 인식하기 때문에, 자신이 '하찮은 존재'가 될 것에 대한 원천적인 두려움을 갖게 되는 것이다. 그래서 '의미 있는 존재가 되기 위한 강박적인 노력'이 현대적인 삶의 주제가 된다. 그래서 현대인에게는 본인이 갈망하는 것을 얻는 것이 그렇게 중요하고, 얻은 것을 지키는 것이 또 그렇게 중요한 의미를 갖게 되었다.

만일 그가 애써 원하는 것을 얻었다면, 그는 오만방자해져 안하무인이 된다. 그리고 얻지 못한 사람에게 온갖 무례를 행한다. 그러나 그의 마음은 늘 불안하다. 언제 자신이 얻은 것을 잃어버릴지 알 수 없기 때문이다. 그러므로 현대인은 벼슬자리에 있건 곤궁에 빠져 있건 늘 근심 속에 빠져 있을 수밖에 없다.

공자는 "군자에게는 근심이 없다[君子不憂]"라고 말했다. 군자란 자신 안에 살고 있는 '참나'를 만난 사람이다. 그래서 군자는 의미로 충만해 있다. 의미 있는 존재가 되기 위해 발버둥 칠 필요가 없다. 그러므로 얻고자 하는 근심도, 얻은 것을 잃어버릴까 하는 근심도, 그에겐 없다. 벼슬자리에 있건 곤궁에 빠져 있건, 즐거움이 늘 그와 함께 한다. 탈현대 사회는 에고에서 '참나'로의 존재 변화를 이룬 군자들의 사회이다. 평화, 기쁨, 즐거움은 자신의 바깥에서 찾을 수 있는 것이 아니다. 그것은 '참나'를 자각한 군자의 내면에서 솟아나는 것이다.

장자가 말한 '그 즐거움[其樂]'이란 무엇일까? 그것은 '도(道)'와 하나가 되어 즐거움을 누리는 것이다. 탈현대인은 '지금 이 순간' 속에 깊이 머물며 일상의 모든 것 속에서 기쁨을 누린다. 그는 부부생활의 즐거움을 누린다. 배우자를 존경할 수 있고, 배우자의 존재에 감사할 수 있으며, 배우자를 자유롭게 할 수 있다. 그는 한가로움을 즐길 수 있고, 마음을 다해 걷는 것을 즐길 수 있으며, 숨쉬기를 즐길 수 있다.

인류는 지금 어디로 가고 있는가? 인공지능 기술의 발달을 중심에 두는 신기술 혁명의 결과로, 인류는 지금 모든 경제적인 희소자원이 사라지는 새로운 세계를 향해 나아가고 있다. 그러나 현 인류는 여전히 낡은 생각에 사로잡혀 경제적인 희소자원을 차지하는 것을 삶의 목적으로 삼는 낭비로서의 삶을 살아가고 있다. 이것은 개인적인 불행을 초래할 뿐만 아니라 문명 대파국의 원인이 될 것이다.

이제 인류는 혁명적인 삶의 목표 전환을 이루어 내어야 한다. 더 많은 것을 쟁취해서 더 높은 곳에 도달하는 것을 목표로 삼는 낡은 삶의 목표를 폐기해야 한다. 그리고 참나에 도달해서 도와 합치하는 낙도의 삶을 살아가는 것을 새로운 삶의 목표로 설정해야 한다. 그래서 인류 존재 차원의 수직적인 상승을 이루어 내어야만 한다. 우리가 목표하는 새로운 사회는 군자들의 사회, 도인들의 사회이다. 그리고 거기에 도달하는 유일한 길은 우리들 각자가 군자와 도인으로 거듭나는 것이다.

4) 내 배에 부딪힌 배

『장자』「산목(山木)」편에서 노후(魯侯)의 질문에 대한 시남자(市南子)의 대답 중 이런 구절이 있다.

> [가령] 배로 강을 건널 때 [그 한쪽이] 빈 배인데 자기 배에 와 부딪혔다면 아무리 성급한 사람이라도 화를 내지는 않을 것입니다.[25]

좁은 하천에서 배를 저어 가는데, 어떤 배가 내 배를 피하지 않고 다가와 부딪힌다면, 나는 화가 날 것이다. 그러나 그 배가 텅 빈 배라는 것을 발견한다면, 화를 낸 자신에 대한 실소가 터져 나올 것이다. 만일 그 배의 뱃사공이 술에 만취해 잠에 곯아떨어져 있는 것을 발견했다고 해도 그 결과는 마찬가지였을 것이다.

현대적인 삶의 과정에서 우린 내 배에 다가와서 부딪히는 많은 배를 만난다. 순간, 화가 불끈 솟구친다. 분쟁이 일어나고, 너와 나는 함께 고통의 바다에 빠진다. 이것이 현대인이 처해 있는 상황이다. 누군가가 '당신은 지금 왜 불행한가요?'라고 묻는다면, 우리는 내 배에 와서 부딪힌 배 때문에 불행해졌다고 대답할 것이다. 그러나 과연 그럴까? 우리가 불행에 빠지는 진짜 이유는 무능력이다.

내 배에 다가와 내 배를 들이받은 배에 타고 있는 사공은 누구일까? 술에 만취해 잠에 곯아떨어져 있는 사람이다. '에고가 나'라고 하는 현대가 만들어 놓은 환각에 사로잡혀 있는 사람이다. 그는 많은

---

25   『莊子』,「山木」, "方舟而濟於河 有虛船來觸舟 雖有惼心之人不怒".

상처를 갖고 있는 사람이다. 열등감과 우월감에 사로잡혀 있는 사람이다. 초조와 불안에 시달리는 사람이다.

그의 내면을 들여다볼 수 있다면, 우린 그가 가엾은 사람이며, 위로받아야 할 사람임을 알 수 있을 것이다. 그러나 현대인은 그의 내면을 들여다볼 수 없다. 그의 내면을 들여다볼 수 있는 힘, 능력이 없기 때문이다. 그래서 현대인은 '액션-리액션', '작용-반작용'의 틀에 갇혀 살아간다. 그 결과, 현대 사회에는 분쟁이 끊이지 않는다. 그리고 끊임없는 분쟁 속에서 서로 고통을 주고받는다.

운전 중, 어떤 차가 무리하게 끼어들기를 하다가 접촉사고가 났다. 화가 불끈 치솟는다. '아니 저 차는 왜 갑자기 끼어들어 이런 사고를 내는 거야!' 나는 차에서 내려 상대편 운전자에게 삿대질을 한다. 상대편 운전자는 안전거리를 유지하지 않은 내 차에도 책임이 있다고 따지고 든다. 이런 어처구니없는 항변을 들으니 화가 더 치솟고, 나와 그 운전사 간에는 불쾌함이 점점 더해지는 언쟁이 계속된다.

그러나 탈현대인은 다르다. 탈현대인은 어떤 배가 나에게 부딪쳐 와도 화를 내지 않는다. 나의 배에 와서 부딪친 그 사람이 '어쩔 수 없이' 나의 배를 부딪쳤음을 알고 있기 때문이다. 그래서 탈현대인은 나의 배에 부딪혀 온 그 사람을 용서한다. 탈현대인은 나의 배에 부딪혀 온 그 사람이 가엾은 사람이며, 위로가 필요한 사람임을 안다. 그래서 그에게 화를 내는 대신, 그를 가엾이 여겨 주고, 위로해 준다.

탈현대 사회는 나의 화를 돋우는 사람에게 화를 내지 않는 사회이다. 그래서 탈현대 사회는 모든 분쟁이 사라진 사회이다. 탈현대 사회는 평화로운 사회이며, 고통의 바다가 사라진 사회이다.

5) 나를 향한 비웃음

『장자』「즉양(則陽)」편에서 대진인(戴晉人)과 위(魏) 혜왕(惠王) 간의
이런 문답이 나온다.

> "그럼 제[戴晉人]가 임금님[惠王]을 위해 실제 사실을 예로 들어 말씀
> 드려 보겠습니다. 임금님께선 이 사방 위아래의 공간에 끝이 있다고 생
> 각하십니까?" 하고 물었다. 혜왕이 "끝이 없는 거요"라고 하니까, [대진인
> 은] "그럼 정신을 무한한 공간에서 노닐게 할 줄 알면서, 이 유한한 땅을
> 돌이켜 본다면 [이 나라 따위는] 있을까 말까 한 [아주] 하찮은 것이 아
> 니겠습니까!" 하고 대답했다.[26]

개미의 눈으로 보면, 사방 십 리 땅이 무척 광대한 것으로 여겨질
것이듯이, 인간의 눈으로 보면, 사방이 수천 리에 달하는 나라는 무
척 큰 것처럼 여겨진다. 그러나 무한한 공간에 빗대어 본다면, 나라라
는 것은 먼지 하나도 되지 않는 하찮은 것이다. 그런데 나라의 왕은
자신이 왕인 것을 대단히 여기며, 나라의 재상인 자는 자신이 재상이
라는 사실에 우쭐거린다. 이 어찌 우습지 않겠는가!

유머란 영원한 시간과 무한한 공간에 빗대어 에고가 경험하는 감
정, 생각, 욕망을 바라볼 때 터져 나오는 웃음이다. 웃음이 터져 나오
는 순간, 우린 에고의 감옥에서 풀려난다. 요즘 새로 지은 절에 가 보
면, 중국에서 들여온 듯한 조잡하고 거대한 포대화상(布袋和尙)의 조형

---

26 『莊子』,「則陽」, "曰 臣請爲君實之 君以意在四方上下有窮乎 君曰 無窮 曰
　　知遊心於無窮 而反在通達之國 若存若亡乎".

물을 설치해 놓은 곳이 많다. 포대화상은 커다란 배를 움켜쥐고 배꼽에서부터 터져 나오는 웃음을 터트리고 있다. 그가 짓고 있는 것이 바로 에고의 꿈에서 깨어나는 순간 터져 나오는 큰 웃음이다.

에고의 삶을 살아가는 현대인에겐 모든 것이 심각하다. 현대 사회 중에서도 한국 사회는 특히 유머 공간이 없다. 사람들은 사소한 자극에도 맹렬하게 화를 낼 준비가 되어 있는 듯하다. 기차 객실 옆자리에 앉은 사람이 조금만 큰 소리를 내어도 곧바로 화가 치민다. 느리게가는 앞차에도 화가 나고, 상대편이 약속 시간에 조금만 늦어도 화가난다. 잘 씻지 않는 남편에게도 화가 치밀고, 건망증이 심한 아내에게도 화가 솟구친다. 얼마 전 기차 객실에서 차양을 내려야 하나 내리지말아야 하나 하는 문제를 두고, 앞뒤 좌석 승객들 간에 다툼이 일어나 서로 욕설을 퍼부으면서 싸우다가, 결국 함께 내려 경찰서를 향하는 모습을 목격한 적이 있다.

한국 사회에 유독 유머 공간이 부족한 이유는 무엇일까? 여유로운모습, 웃음 띤 얼굴, 평화로운 발걸음이 한국 사회에 유독 드문 이유는 무엇일까? 한국인의 경우, 에고에 더 깊이 함몰되어 있기 때문이다. 특히 노인들의 경우는 미소 띤 얼굴을 찾아보기 힘든데, 노인들은젊은이들보다 에고가 더 경직되어 있는 경우가 많기 때문이다. 검찰개혁을 외치며 서초동 집회에 나와 있는 사람들과 조국 사퇴를 외치며광화문에 모인 사람들 간에는 정치적인 대화를 나누는 것 자체가 거의 불가능하다. 각자 '내가 너무 옳기 때문'이다.

탈현대인과 탈현대 사회에는 심각한 일이 없다. 어떤 일이 일어나도 그들은 미소 짓는다. 예쁘다며 뻐기는 나와 너를 향해 미소 짓고,외모 콤플렉스를 갖고 있는 나와 너를 향해 미소 짓는다. 합격했다고 기뻐하는 나와 너를 향해 미소 짓고, 낙방했다고 움츠러드는 나와 너를 향해 미소 짓는다. 돈과 권력을 차지하고 으스대는 나와 너를 향해 미소 짓고, 가난하고 힘없다고 기죽어 있는 나와 너를 향해 미소 짓는다.

위(魏) 혜왕(惠王)은 자신이 위나라의 임금이라는 사실에 자신이 대단한 사람인 것처럼 느끼고 있었다. 대진인(戴晉人)의 말을 듣고, 그는 비로소 스스로를 대단하게 여기는 자신을 향해 미소 지을 수 있었다. 대단함으로부터의 자유를 얻은 것이다. 탈현대인은 대자유인이며, 탈현대 사회는 웃음소리가 그치지 않는 사회인 것이다.

2. 도와 하나 되어 춤추다

현대적인 삶이란 도와 어긋난 삶이다. 물살을 거슬러 헤엄을 치려 하니, 현대인은 내딛는 한 걸음 한 걸음이 힘겹고, 쉽게 삶에 지친다. 장자는 도와 하나가 되어 춤추는 아름다운 삶을 주창한다.

그는 어깨에 불필요한 힘이 들어가지 않으며, 한없이 부드럽다. 그는 삶의 매 순간 우주와 하나 됨을 이룬다. 그는 한가로움을 즐긴다. 그는 느린 걸음으로 천천히 발걸음을 옮긴다. 그는 쓸모 있는 존재가 되기 위해 소중한 삶을 낭비하지 않는다. 그는 도움을 베푼다는 생각 없이 도움을 베푼다. 그는 존재의 아름다움을 발견하고 향유하는 삶을 살아간다.

1) 헤엄 잘 치는 남자

『장자』「달생(達生)」편에는 이런 대화가 나온다.

공자가 따라가서 물었다. "나는 당신을 귀신인가 했는데 잘 살펴보니 당신은 사람이오. 한마디 묻겠는데 물에서 헤엄치는 데에도 도가 있는 거요?" [사나이가] "없소. 내게 도란 없고 평소에 늘 익히는 것으로 시작하여 본성에 따라 나아지게 하고 천명(天命)에 따라 이뤄지게 한 겁니다. 나는 소용돌이와 함께 물속에 들어가고 솟는 물과 더불어 물 위에 나오며 물길을 따라가며 전혀 내 힘을 쓰지 않습니다. 이것이 내가 헤엄치는 방법이오."[27]

「달생」편에는 도와 하나가 되어 살아가는 사람들에 대한 많은 예화가 나온다. 술 취한 자가 수레에서 떨어졌는데도 죽지 않는 것은 왜일까? 뼈마디나 관절은 남과 같은데, 그 정신상태가 무아무심(無我無心)하기 때문이다. 그 사람은 수레에 탔다는 것도 모르고, 수레에서 떨어졌다는 것도 모르기 때문에, 즉 그의 몸과 마음이 도와 하나가 된 상태이기 때문에 죽지 않는 것이다.

꼽추 노인은 도와 하나가 된 상태에서 매미를 잡기 때문에 매미를 잘 잡는다. 사공은 도와 하나가 된 상태에서 노를 젓기 때문에 노를 잘 젓는다. 칠십이 된 노인은 도와 하나가 되어 살아가기 때문에 갓난

---

27 『莊子』,「達生」, "孔子從而問焉 曰 吾以子爲鬼 察子則人也 請問 蹈水有道乎 曰 亡 吾无道 吾始乎故 長乎性 成乎命 與齊俱入 與汨偕出 從水之道而不爲私焉 此吾所以蹈之也".

애 같은 낯빛을 하고 있다. 싸움닭을 조련하는 사람은 도와 하나가 되어 싸움닭을 조련하기에 그가 조련한 싸움닭은 무적이다. 목수는 도와 하나가 되어 나무를 깎기에 귀신같이 나무를 깎는다. 마부는 도와 하나가 되어 말을 부리기에 말을 잘 부린다.

헤엄 잘 치는 사내 이야기도 그중 하나이다. 모든 이야기는 도와 하나가 되어 살아가는 사람들의 이야기이다. 도와 하나가 되면, 어디서 무엇을 하건 잘할 수 있다. 인간관계이건, 양생이건, 자녀교육이건, 직장생활이건 관계없이…. 반대로 도와 어긋나면 어디서 무엇을 하건 어려움을 겪게 된다.

필자의 동생은 프로야구단 삼성라이온즈 선수였다. 초등학교 때부터 야구를 해서, 필자는 예전부터 야구경기를 많이 시청했다. 그런데 야구 중계를 보다 보면, 타석에 들어선 타자가 좋은 타격을 할 수 있을지 없을지를 많이 맞힐 수 있다. 치겠다는 생각이 앞서서 몸이 딱딱해진 타자는 배트의 스윙이 공의 움직임을 따라갈 수 없다.

평소 기량이 비등한데, 찬스나 위기에서 강한 타자와 투수가 있고, 반대로 찬스나 위기에서 약한 타자와 투수가 있다. 찬스가 오면 투수도 타자도 긴장하는데, 긴장을 덜 할 수 있는 능력이 클수록 투수든 타자든 몸의 부드러움을 유지할 수 있다. 불필요한 힘이 들어가서 근육이 경직되면 투수든 타자든 제 기량을 펼칠 수 없다. 부드러움은 도의 특징이다.

물살을 거슬러 헤엄을 치는 것과 물살을 따라 헤엄을 치는 것은 어느 것이 더 쉬울까? 현대인의 삶이 고달픈 까닭은 도를 거슬러 무엇을 이루고자 하기 때문이다. 요즘 젊은 세대를 포함해서 많은 사람들이 주식투자를 하고 있다. 현재의 경제 상황을 고려하면, 젊은 세대가 주식투자에 관심을 기울이는 것은 온당한 일로 생각한다.

그러나 필자의 눈으로 볼 때, 그중 많은 사람들은 카지노를 찾는 도박꾼의 모습과 흡사해 보인다. 그들은 '돈을 벌겠다'는 맹목적인 생각만으로 주식시장에 몰려든다. 이것은 마치 수영을 배우지도 않은 상태로 바다에 뛰어드는 것과 마찬가지다. 필자에게는 실패한 주식 초보자보다 성공한 주식 초보자가 더 위험해 보인다. 어쩌면 그들은 지금 벌어들인 돈의 수배에 달하는 손실을 입을지도 모른다. 도에 어긋난 삶은 어떤 경우에도 곤경을 초래한다.

도와 어긋나면 불필요한 힘이 들어간다. 류현진 선수는 지금 메이저리그 베이스볼에서 엄청난 성적을 거두고 있다. 거기에는 육체적인 능력과는 별개의 플러스알파가 있다. 그의 어깨에는 불필요한 힘이 들어가지 않는다. 부드러운 동작으로 던지는 투수와 딱딱한 동작으로 치려고 하는 타자가 맞붙어서 타자가 이기기는 힘든다.

어깨에 힘이 잔뜩 들어가 있는 현대인과 도와 하나가 되어 부드럽기 짝이 없는 탈현대인이 맞붙으면 누가 이기게 될까? 현대인은 하고자 하지만 할 수 있는 것이 없고[爲而無爲], 탈현대인은 하고자 하지 않지만 할 수 없는 것이 없다[無爲而無不爲].

탈현대 사회는 도와 하나가 되어 살아가는 탈현대인으로 구성된 사회이다. 그러므로 탈현대 사회는 도와 하나가 된 사회이다. 탈현대 사회에서 사람들은 도와 어긋난 욕망을 추구하지 않는다. 사람들은 일상의 평범한 것 속에서 비범한 것을 느낀다. 이루고자 함이 없으니 실패도 없다. 어떤 일이 닥쳐와도 당황하지 않으며, 평화롭다. 결핍감이 아니라 열정이 행위의 동기가 된다. 사람들은 지금 여기에 깊이 머문다. 아무 일도 없는데 입가에 미소가 피어난다. 특별한 일이 없지만,

세상은 의미로 넘친다.

2) 띠쇠 만드는 노인

『장자』「지북유(知北遊)」 편에는 이런 일화가 나온다.

[초(楚)나라] 대사마(大司馬) 밑에 띠쇠[帶鉤]를 두들겨 만드는 장인(匠
人)이 있었다. 나이가 80이나 되었어도 조그만 실수도 없었다. 대사마가
"그대는 [재주가 정말] 교묘하구나. 무슨 [특별한] 방법이라도 있는가?"
하고 물으니까 대답했다. "저는 [별다른 방법이 있는 게 아니고] 다만 마
음에 지키는 바[의 도]가 있습니다. 저는 스무 살 때부터 띠쇠를 만드는
일이 좋아 다른 것은 거들떠보지도 않고 띠쇠가 아니면 쳐다보지도 않
았습니다." 이것은 기술을 사용할 때 마음을 딴 일에 쓰지 않음으로써
늙어서도 그 기술을 사용할 수가 있었다는 말이다. [그런데] 하물며 마
음을 전혀 쓰지 않을 뿐만 아니라, 그 쓰지 않는다는 마음까지도 일으키
지 않은 채 자연의 도에 맡기는 자야 더욱 그러할 것이 아닌가!][28]

주위를 돌아보면, 자신이 하는 일에 뛰어난 사람들이 있다. 필자가
좋아하는 〈신라〉 이탈리안 레스토랑에 근무하는 매니저는 그중 한
사람이다. 그는 여기서 근무한 지가 십수 년에 이른다. 전화로 예약을

---

28 『莊子』, 「知北遊」, "大馬之捶鉤者 年八十矣 而不失豪芒 大馬曰 子巧與 有
道與 曰 臣有守也 臣之年二十而好捶鉤 於物无視也 非鉤无察也 是用之者
假不用者也以長得其用 而況乎无不用者乎".

할 때는, 반갑게 전화를 받고, 필자가 원하는 좌석을 미리 알아 친절하게 응대한다. 방문할 때는 문밖에서부터 친절히 맞아 준다. 조용히 움직이면서, 손님이 필요로 하는 것을 재빨리 알아채고, 요청하기 전에 처리해 준다. 늘 웃음 띤 얼굴로 손님을 대하니, 식당에 머무는 동안 편안하고 행복하다.

초나라의 띠쇠 만드는 장인과 이 식당 매니저 간에는 유사점이 있다. 그들은 자신이 하는 일을 좋아하며, 자신의 일 속에서 행복하다. 스스로 행복하기에 그들은 주위 사람들에게 행복을 준다. 날이 갈수록 그들은 자신의 분야에서 점점 더 뛰어난 존재가 된다. 이들은 도와 하나가 되어 직업적인 일을 하고 있다. 이것이 직업의 영역에서 탈현대적인 삶이다.

양치질을 좋아하는 사람은 양치질 속에서 행복하며, 점점 더 양치질을 잘하게 될 것이다. 음악 감상을 좋아하는 사람은 음악 감상 속에서 행복하며, 날이 갈수록 음악과의 깊은 만남을 이룰 것이다. 〈바람의 전설〉이란 영화에서 주인공은 춤추는 것을 정말 좋아하며, 춤추면서 황홀하다.

띠쇠 만드는 일, 식당 매니저, 양치질, 음악 감상, 춤은 서로 다른 영역이다. 그러나 그들은 각자의 일 속에서 우주와의 만남을 이룬다. 탈현대 세계관의 관점에서 보면, 모든 존재는 우주의 도(道)를 품고 있다. 그러므로 우리는 무엇을 통해서나 우주의 도를 만날 수 있다. 띠쇠를 통해서 만나건 거문고를 통해서 만나건 그것은 똑같은 우주의 도이다.

띠쇠 만드는 노인은 80세가 되어서도 훌륭하게 띠쇠를 만들 수 있다. 아니 젊은 시절보다 훨씬 훌륭하게 띠쇠를 만들 수 있다. 사실은 이렇다. 젊은 시절에 만든 띠쇠와 80세 노인이 만드는 띠쇠는 같은 것이 아니다. 질적인 측면에서 같은 것은 젊은 시절에 만든 띠쇠와 젊은 춤꾼의 춤이다. 또한 80세 노인이 만드는 띠쇠와 80세 노인이 추는 춤이 같은 것이다.

80세 노인이 만드는 띠쇠와 노인의 춤에는 '노인과 우주의 하나 됨'이 있다. 그래서 우리는 노인의 띠쇠와 노인의 춤을 통해 우주와의 만남을 이룰 수 있고, 깊은 감동의 전율을 느낄 수 있다. 길이 끊어지는 바로 그곳에서 모든 곳과 통하는 길이 열린다. 귀가 잘 들릴 때의 베토벤 음악도 훌륭하지만, 귀먹고 난 후의 베토벤은 천상의 음악을 들려준다.

탈현대 사회의 노인은 띠쇠를 만드는 80세 노인과 같은 사람이다. 그들은 대우주의 도와 하나 됨을 이룬 사람들이다. 그래서 그들의 모든 행위에는 깊이가 있고 감동이 있다. 그들은 자신의 존재와 삶을 통해 젊은이들에게 빛을 던진다.

3) 소요하는 삶

『장자』「소요유」 편에서 장자는 이렇게 말한다.

지금 선생에게 큰 나무가 있는데 쓸모가 없어 걱정인 듯하오만, 어째서 아무것도 없는 드넓은 들판에 심고 그 곁에서 마음 내키는 대로 한가로이 쉬면서, 그 그늘에 유유히 누워 자 보지는 못 하오.[29]

---

29 『莊子』,「逍遙遊」, "今子有大樹 患其无用 何不樹之於无何有之鄕 廣莫之

뉴욕 존 에프 케네디 공항에서 비행기 탑승을 준비 중이던 틱낫한 스님에게 이런 일이 있었다. 탑승대기실에서 비행기가 5시간 출발이 지연된다는 방송이 있었다. 대기실에 앉아 있던 승객들은 모두 망연자실했다. 그들에게 5시간의 기다림은 무척 고통스러운 것이었다. 틱낫한 스님은 마음속으로 미소를 지었다. 그리고 조용히 일어나서 들고 다니던 휴대용 방석을 꺼내 의자 위에 깔았다. 그는 방석 위에 앉아 가부좌를 틀고, 아름다운 미소를 지으며, 다섯 시간 동안 숨쉬기를 즐겼다. 틱낫한 스님에게 그 다섯 시간은 무척 평화롭고 행복한 시간이었다.

현대인에게 한가로운 시간은 삶의 커다란 짐이다. 만일 젊은이에게서 휴대폰을 뺏고 아무 장치도 없는 빈방에서 몇 시간을 보내라고 하면, 그것은 큰 형벌이 될 것이다. 실제로 서구 국가들에서는 이런 식으로 아이들을 처벌하는 경우가 많은 것 같다. 요즘은 직장을 잃어버린 중년들도 많은데, 그들에겐 하루를 어떻게 소일할까가 큰 짐이 될 것이다. 삶 전체가 여가 시간이 되어 있는 노인들의 경우는 상황이 더 나쁘다. 노인들은 아침에 일어나면서, '이 기나긴 하루해를 또 어떻게 보낼꼬?' 하며 탄식한다.

이들은 TV를 보며, 또는 게임을 하며, '시간 죽이기(killing time)'를 하는 경우가 많다. 이것은 여가의 소외이며 삶의 소외이다. 인류는 어떻게 여가를 늘려 왔는가? 현대인이 누리는 여가는 수천 년에 걸친 인류의 악전고투의 결과물이다. 문명이 형성되고 난 뒤부터, 인구의 대부분은 무자비하고 고통스러운 노동으로 신음했다. 오직 소수 지배

野 彷徨乎无爲其側 逍遙乎寢臥其下".

계급들만이 여가를 향유할 수 있었다.

산업혁명이 일어나고, 기계력이 인간의 근력(筋力)을 대신하게 되면서, 생산성의 비약적인 증대와 더불어 대중이 여가를 향유할 수 있는 새 시대가 열렸다. 그리고 지금 인공지능 발달을 중심으로 하는 신기술 혁명이 일어나고 있다. 신기술 혁명은 인간 지력을 인공지능으로 대체하고 있다. 인류는 '고통스러운 노동이 사라진 새로운 세계'에 들어서고 있는 것이다. '삶이 곧 여가'인 새로운 삶의 양식이 출현하고 있는 것이다. '노동으로부터 해방된 삶', 이것은 인류가 오랫동안 꿈꾸어 왔던 삶이다.

그러나 정작 이런 해방을 맞이하는 현 인류의 표정은 어둡기만 하다. 그들은 노동이 사라져 가는 것을 안타까운 눈으로 바라보면서, '이 기나긴 하루를 어떻게 보낼꼬?' 하며 한숨을 내쉰다. 낡은 현대 노동관이 현 인류를 여전히 지배하고 있고, 낡은 현대 자본주의 체제가 여전히 지속하면서, 노동으로부터의 해방은, 한가로운 시간은, 현대인에게 재앙이 되고 있는 것이다.

그러나 탈현대인에게 있어서, 한가로운 시간은 기술 발전이 인류에게 준 축복이다. 장자와 탈현대인은 '아무것도 하지 않음'을 즐기면서 소요로서의 삶을 살아간다. 탈현대인은 한가로움을 즐긴다.

노자는 한가로움을 즐기는 도인의 삶을 '사무사(事無事, 일 없음으로 일을 삼음)'라고 표현했다. 현대인이 잘 견디지 못하는 것이 심심함, 무료함인데, 탈현대인은 이를 즐길 수 있다. '아무 일 없음'의 즐거움을 누리는 것이다. 현대인은 무언가를 도모하고, 끊임없이 움직이지만, 탈현대인은 따뜻한 양지에 앉아 해바라기를 즐긴다. 아무것도 하지 않는 그 시간이 편안하고 행복하다.

탈현대인은 마음을 다해 걷는 것을 즐기고, 숨쉬기를 즐기며, 설거지를 즐기고, 양치질을 즐기며, 하루 세끼 식사를 즐기고, 아름다운 음악을 즐기고, 침대에 누워 뒹굴뒹굴하는 것을 즐긴다. 새싹이 움터 나오고, 낙엽이 떨어지는 모습을 즐기고, 산에 걸려 있는 운무와 불어 오는 바람을 즐긴다. 그는 자신에게 다가오는 삶의 모든 것을 즐긴다.

이렇게 탈현대인은 일상의 모든 일에서 즐거움을 누린다. 일상으로 부터 즐거움이 오는 것이 아니라 일상 속으로 마음의 즐거움이 흘러 들어가는 것이다. 도(道)와 하나가 되어 도를 즐기는 것이다.

4) 팍팍하지 않은 아테네

『장자』「외물(外物)」편에 이런 구절이 있다.

> 장자(莊子)가 말했다. "사람이 자적(自適)할 수 있으면 또 [언제나] 유유(悠悠)하지 않겠는가!"[30]

'아! 이 시대를 살아가는 사람들의 삶이 모두 우리처럼 팍팍한 것이 아니었구나!'

삼십 년 전 처음으로 지중해 여행을 했을 때, 필자의 마음속에서 터져 나온 탄성이었다.

당시 필자는 대학 취직이 안 되어 시간강사로 이 대학 저 대학을 전

---

30 『莊子』, 「外物」, "莊子曰 人有能遊 且得不遊乎".

전하며, 경제적으로 무척 궁핍한 생활을 하고 있었다. 이를 불쌍하게 여긴 누나들이 돈을 모아 필자에게 지중해 여행 티켓을 선물했다. 필자가 처음 밟아 보는 유럽 땅, 여행은 필자에게 깊은 감동을 주었다.

그리스 아테네에는 하루에 다섯 번의 러시아워가 있었다. 출근 시간, 시에스타(siesta)를 즐기기 위해 집으로 가는 시간, 시에스타를 즐기고 직장으로 돌아오는 시간, 퇴근 시간, 퇴근 후 저녁 식사를 위해 바닷가로 나가는 시간. 누워서 빈둥거리는 것을 무척 좋아하는 필자의 눈에는 부럽기 짝이 없는 지중해 풍경이었다.

유적지를 방문하면 문이 잠겨 있기 일쑤였다. 늦게 문을 열고 일찍 닫는 데다가, 짧은 근무시간 중간에 긴 점심시간이 있었다. 필자의 마음을 사로잡은 것은 한없이 길어 보이는 저녁 식사 시간이었다. 간단한 식사와 포도주 한 병을 시켜 놓고, 사람들은 밤이 깊도록 대화를 나누며 자리에서 일어나지 않았다. 바쁜 걸음으로 거리를 걷는 사람도 없었고, 앞차가 느리게 간다고 경적을 울리는 자동차도 없었다.

포르투갈을 여행할 때, 현지 가이드가 자신이 겪은 일을 이야기해 주었다. 은행에 볼일이 있어 갔는데, 앞서 온 사람들의 일 처리를 하다가 점심시간이 되어 일을 못 보고 돌아왔었다. 다음 날 이른 시간에 은행에 당도했는데, 마침 앞서 온 손님이 할머니 한 사람밖에 없어서 안도했다. 그런데 업무가 끝난 할머니가 들고 온 앨범을 꺼내더니, 자기 여름휴가 이야기를 하며, 은행원이랑 깔깔대고 웃었다. 마침내 앨범 마지막 페이지가 끝이 났는데, 이번엔 은행원이 서랍에서 자신의 휴가 사진이 담겨 있는 앨범을 꺼내는 것이었다. 그러곤 페이지를 넘기면서 두 사람이 깔깔대며 웃는 것이었다. 마침내 점심시간이 되고, 이번에도 가이드는 은행 볼일을 못 보고 은행 문을 나설 수밖에 없었다.

고등학교 학생들은 한창 뛰어놀며 즐거울 나이인데, 아이들은 잠도 제대로 못 자고, 새벽부터 밤늦은 시간까지 충혈된 눈으로 하루를 보낸다. 주말도, 공휴일도, 명절도 없다. 전생에 무슨 죄를 지었기에 우리 아이들은 이렇게 고통스러운 청소년기를 보내야 하는가!

아들이 오늘 2박 4일의 미국 출장을 마치고 돌아온다. 2박 4일의 미국 출장이라! 얼마 전 출산휴가를 받았는데, 휴가 중에도 집에서 회사 업무를 봐야만 했다. 산모가 산후조리원에 있어, 두 살 난 첫아이를 돌보랴, 밥해 먹으랴, 산후조리원에 들르랴, 회사 일하랴, 아들은 엄청 힘든 출산휴가 기간을 보냈다.

그러나 직장 진입에 실패한 청년들은 더 큰 고통을 겪는다. 그들은 무능한 존재라는 세상의 차가운 시선을 받아야 한다. 직장에서 조기 퇴출된 중년들이 겪어야 하는 고초도 만만치 않다. 일터에서 물러난 노인들은 스스로를 쓸모없는 존재라고 여기고, 세상으로부터도 푸대접을 받으면서, 고통스럽고 긴 노년기를 보낸다.

이렇게 청소년도, 청년도, 중년도, 노인도 살아가는 것이 만만치 않다. 그리스, 스페인, 이탈리아 같은 지중해 국가들보다 한국 사회는 소득수준도 높고 정치적으로도 더 민주화되어 있는데, 한국 사회를 살아간다는 것은 왜 이리 혁혁한 것일까? 한국인은 유독 '에고가 나'라고 하는 현대 인간관에 깊이 빠져 있기 때문이다.

에고를 나라고 생각하면, 내 삶의 목표는 에고의 파도를 더 높이 솟구치게 하는 것이다. 유유자적(悠悠自適)한 삶과는 거리가 멀어진다. 탈현대 사회는 어떤 사회일까? '유유자적한 삶'이라는 장자의 꿈이 실현된 사회이다.

틱낫한 스님이 쓴 글에 이런 구절이 나온다. '한 사람이 말을 타고 어디른가 바삐 가고 있었다. 그를 본 사람이 물었다. "어딜 그리 급하게 가시오?" 말을 탄 사람이 헉헉하며 대답했다. "말에게 물어보시오.'"

우린 어딜 그리 급하게 가고 있는 것일까?

5) 은밀한 베풂

『장자』「대종사」 편에서 의이자(意而子)의 질문에 대한 허유(許由)의 대답 중에 이런 구절이 있다.

> [도는] 만물을 이뤄 놓으면서도 의롭게 여기지 않고, 만세에 미치는 혜택을 베풀면서도 어질다 생각하지 않는다.[31]

탈현대인은 도와 하나가 된 사람이다. 도와 하나가 된 사람에게는 에고가 없다. 그래서 도와 하나가 된 사람은 만물을 이뤄 놓지만 의롭게 여기지 않고, 만세에 미치는 혜택을 베풀면서도 어질다 생각하지 않는다. 현대인은 도와 하나가 되지 못한 사람이다. 그래서 작은 것을 이루고도 '내가 이루었다!'는 생각에 사로잡히며, 작은 혜택을 베풀고도 '내가 베풀었다!'는 생각에 사로잡힌다.

예수는 「마태복음」에서 이렇게 말씀하셨다. "너는 구제할 때에 오른손이 하는 것을 왼손이 모르게 하여 네 구제함을 은밀하게 하라." 오른손이 하는 것을 왼손이 모르게 하는 것은 어떻게 구제하는 것일

---

31   『莊子』, 「大宗師」, "聾萬物而不爲義 澤及萬世而不爲仁".

까? 이것은 이웃에게 도움을 베푸는 것을 타인이 모르게 하라는 것을 의미할 뿐 아니라 자기 자신도 모르게 하라는 의미이다. '자기 자신도 모르게 하라'는 것은 무엇일까? 도움을 베푼다는 의식이 없는 가운데 도움을 베풀라는 의미이다. 이렇게 도움을 베풀 때, 도움은 진정한 도움이 된다.

현대인도 깊이 사랑하는 관계에서는 도움을 베푼다는 의식 없이 도움을 베푼다. 엄마는 아기에게 수많은 도움을 베풀어 준다. 밤중에 깨어 젖을 주고, 기저귀를 갈아 주고, 위험을 피하도록 해 준다. 그러나 엄마에게는 도움을 베푼다는 의식이 없다. '내가 너[아기]에게 이렇게 많은 도움을 베풀었어!'라고 생각하는 엄마는 이 세상에 없다. 아기에게 도움을 베풀 때, 모든 엄마는 탈현대인이다.

깊이 사랑하는 연인도 서로에게 도움을 베푼다. 드라마 〈나의 아저씨〉에서 동훈은 지안에게 이렇게 말한다. "나를 살리려고 네가 이 동네로 왔나 보다. 다 죽어 가는 나를 살려 놓으려고 네가 왔나 보다." 지안은 이렇게 대꾸한다. "저는 아저씨를 만나 처음으로 살아 봤어요." 이 두 사람은 서로에게 살아갈 수 있는 힘과 용기를 베풀어 주었다. 그러나 두 사람 모두에게 '자신이 상대편에게 무엇을 베푼다'는 의식은 없었다. 깊이 사랑하는 두 연인은 탈현대인이다.

현대인에게 사랑은 어렵다. 사랑은 나와 네가 하나임의 체험인데, 에고로서의 나는 너와 하나가 될 수 없기 때문이다. 그래서 작은 베풂조차도 '내가 베풀었다'라는 의식을 떠나기 어렵다. 탈현대인에겐 사랑하는 것이 쉽다. 엄마에게 아기를 사랑하는 것보다 쉬운 일이 없는 것처럼 말이다.

필자의 마음공부 스승이신 김기태 선생님은 언젠가 이렇게 말씀하

신 적이 있다. "저에게 사랑하는 일은 숨 쉬는 것보다 쉽습니다." 김기태 선생님은 탈현대인이다. 탈현대 사회는 탈현대인으로 구성된 사회이다. 그래서 탈현대 사회는 사랑으로 충만한 사회이다. 거기서 사람들은 많은 것을 이루지만, '내가 이루었다'는 생각에 사로잡히지 않는다. 사람들은 많은 것을 베풀지만, '내가 베풀었다'는 생각에 사로잡히지 않는다.

도는 만물을 이루고도 '내가 이루었다'고 생각하지 않는다. 그러나 현대인은 작은 성취에도 '내가 이루었다'는 생각에 사로잡힌다. '내가 서울대에 입학했다!' '내가 노벨상을 탔다!' '내가 깨달았다!' '내가 부자가 되었다!' 그래서 그들은 겸손함을 잃는다. 그들의 오만은 세상에 고통을 낳는다. 그래서 현대 사회는 고통으로 가득 차 있다.

도는 만세에 미치는 혜택을 베풀고도 '내가 베풀었다'고 생각하지 않는다. 그러나 현대인은 작은 베풂에도 '내가 베풀었다'는 생각에 사로잡힌다. 누구라고 꼭 집어 말하지는 않겠지만, 호화 외국 여행에 수천만 원을 탕진하고, 유니세프에 고작 일백만 원을 기부하고는 '내가 가난한 아이들에게 도움을 베풀었다'라고 자랑하는 현대인도 가까이에 있다.

탈현대 사회는 어떤 사회일까? '이루었다!', '베풀었다!'라는 생각이 존재하지 않는 사회이다. 그러나 탈현대 사회에는 만물을 이루는 커다란 이룸이 있고, 만세에 미칠 혜택을 베푸는 커다란 베풂이 있다.

6) 하늘의 마음[天虛]

『장자』「전자방(田子方)」편에서, 위(魏)나라 문후(文侯)의 질문에, 전자방(田子方)은 자신의 스승 동곽순자(東郭順子)의 모습에 대해 다음과 같이 묘사한다.

그분의 사람됨은 참되며 사람의 모습을 지녔으나 하늘의 마음을 지녔고 만물에 순응하면서도 천진함을 간직하며 청렴하면서도 널리 만물을 포용합니다. 남이 무도한 짓을 해도 말로 나무라지 않고 다만 [스스로의] 모습을 올바르게 하는 것으로써 [저절로] 그를 깨닫게 하고 그의 사악한 마음을 없어지게 해 줍니다.[32]

동곽순자는 도와 하나가 된 사람이다. 그는 '참나'가 발현된 탈현대인이다. 동곽순자의 모습을 통해 탈현대적인 삶의 모습을 그려 보기로 하자.

전자방이 자신의 스승을 묘사하는 데 사용한 '하늘의 마음[天虛]'이란 어떤 것일까? 자신을 높이려는 마음, 이기고자 하는 마음, 집착하는 마음, 기필하고자 하는 마음이 사라진 마음이다. 이런 마음이 사라진 세상은 어떤 곳일까? 평화로운 세상, 한가로운 세상일 것이다. 사람들이 천진함을 간직[葆眞]하고 있으니 영악스럽지 않은 세상일 것이다. 만물을 포용[容物]하니 화(和)를 이룬 사회일 것이다. 무도한 짓을 해도 처벌하지 않으니[物無道] 예(禮)에 바탕을 둔 사회일 것이다.

---

32 『莊子』,「田子方」, "其爲人也眞 人貌而天虛 緣而葆眞 淸而容物 物無道 正容以悟之 使人之意也消".

트럼프는 비굴한 미소를 짓고 자신 앞에 서 있는 시진핑을 무시하고 함부로 대한다. 어리석은 미국인은 환호한다. 트럼프에게 무시를 당하고 얼굴이 벌게진 시진핑은 누구인가? 바로 티베트인의 눈에서, 위구르족의 눈에서 피눈물을 흘리게 만든 장본인이다. 미국이 한국에 있는 자신들의 군사기지에 자신들의 필요에 의해 사드를 배치했지만, 시진핑은 사드 배치를 허락할 수밖에 없었던 한국에 사드 보복을 행한다.

아베는 역사문제에 대한 정치적인 이견을 두고, 한국에 경제 보복을 단행한다. 한국의 기간산업인 반도체 생산에 꼭 필요한 소재 수출을 금지한다. 20세기 전반, 그들에게 엄청난 침탈을 당했던 한국인의 뺨따귀를 후려치는 것이다. 그런 아베가 트럼프를 향해서는 몸을 배배 꼬면서 수줍은 미소를 흘린다.

백 년 전에도 일본에게 호되게 맞았고, 지금도 맞고 있는 한국인은 누구인가? 그는 바로 베트남 이주여성인 아내에게 가혹한 폭력을 행사하는 남편이다. 한국인은 오십 년 전 아무런 명분도 없이 베트남전에 용병으로 참가해서 많은 베트남 양민들에게 피눈물을 흘리게 했다. 그리고 지금 다시 베트남 이주여성인 아내에게 폭력을 가한다. 한국에 거주하고 있는 이주여성의 40%가 폭력에 시달리고 있다고 한다. 그들이 한국에 오기 전에 맨 먼저 배우는 한국말이 '그만 때려요', '살려 줘요'라고 한다. 그야말로 한국은 이주여성들의 지옥이다.

칠십여 년 전, 히틀러는 유대인을 대규모로 학살했다. 그들은 나치의 만행에 치를 떨었을 것이다. 그 후 그리 길지 않은 세월이 흐르고 난 뒤, 유대인은 팔레스타인인에게 혹독한 학대를 한다. 팔레스타인인들이 수천 년간 살아온 땅이 자기 조상들이 이천 년 전까지 살던 땅이라면서, 팔레스타인인들을 쫓아냈다. 피눈물을 흘렸던 그들이 다른 민족에게 피눈물을 흘리게 만드는 것이다.

현 지구촌에서 자행되고 있는 이런 학대와 피학대의 악순환은 언제 그칠 수 있을까? 문제는 이런 악순환이 그치는 방향이 아니라 점점 더 확대되는 방향으로 치닫고 있는 것 같다는 점이다. 개인도 집단도 국가도 학대당하는 쪽이 아니라 학대하는 쪽이 되기 위해 온갖 노력을 기울이고 있다. 이런 현대적인 노력의 끝은 무엇일까? 우리 모두의 고통이며, 우리 모두의 죽음이다.

길은, 희망은 어디에 있는가? 인류가 현대의 환(幻), 현대의 악몽에서 깨어나는 데 있다. 더 높고 강한 존재가 되겠다는 야만적인 노력을 멈추고, 존재의 아름다움을 발견하고 향유하는 보다 높은 목표를 향해 나아가는 데 있다. 현대가 만들어 놓은 망상에서 깨어날 때, 비로소 탈현대의 문이 열리게 된다.

Ⅱ. 장자와 탈현대 사회에 대한 비전

춘추전국시대,
끝없는 전란의 한가운데에서,
백가쟁명(百家爭鳴), 다채로운 제자백가 사상이 태동했다.
어떤 사상가는 강자로 우뚝 설 수 있는 방법을 설파했으며,
어떤 사상가는 강자의 약자에 대한 핍박이 사라진 세상을 꿈꾸었다.

장자의 꿈은 아름다운 것이었다.
'대도(大道)와 합치하는 '참나'의 문명'.
그곳은 아귀지옥과 같은 다툼이 사라진 사회이며, 약자들이 존중받는 세상이다.
그곳은 인간, 자연, 인공지능이 모두 가지런한 제물(濟物)의 세계이다.
그곳은 하늘은 만물을 덮어 주고 땅은 만물을 실어 주는 사랑의 사회이다.

1. 절대 평등의 세상이 열리다

장자가 꿈꾸는 세상은 절대 평등의 사회이다. 어떻게 절대 평등의 사회가 구현될 수 있는가? 그것은 이 세상 모든 존재가 대우주의 도를 품고 있는 위대한 존재이기 때문이다. 그래서 새로운 세상에서는, 서로 다르지만, 다름이 차별이 아니라 조화의 전제가 된다.

새로운 세상은 획일적인 기준에 따라 모두를 재단하는 폭력이 사라진 사회이다. 새로운 세상에서는 모든 존재가 지금 있는 그대로 완전하며, 아름답게 빛난다. 새로운 세상은 어떤 존재도 배타적으로 중심이 되지 않으면서, 모든 것이 중심이 되는 탈중심적인 사회이다.

1) 제물의 사회

『장자』「제물론(齊物論)」 편에서 장자는 이렇게 말한다.

작은 풀줄기와 큰 기둥, 문둥병 환자와 미인 서시를 대조해 보인다면, 매우 괴이하고 야릇한 대조이지만 참된 도의 입장에서는 다 같이 하나가 된다.[33]

도의 입장에서 보면, 문둥병 환자와 미인 서시(西施)는 평등하다고 장자는 말한다. 도의 입장이란 탈현대적인 관점이다. 현대적인 관점에

---

33 『莊子』,「齊物論」, "擧莛與楹 厲與西施 恢恑憰怪 道通爲一".

서 보면, 이 세상 모든 존재는 근본적으로 불평등하다. 그러나 탈현대적인 관점에서 보면, 이 세상 모든 존재는 절대적으로 평등하다.

논리적인 측면에서 보면, 현대 사회는 형식 논리학과 변증법적 논리학에 기초해 있다. 형식 논리학은 시간의 한 점에서 정태적인 세계를 서술하는 방식이며, 변증법적 논리학은 시간의 변화에 따른 동태적인 세계를 서술하는 방식이다. 이 두 가지 논리학은 '정태적인 관점이냐' '동태적인 관점이냐'에서는 차이가 난다. 하지만 이 두 가지 논리학은 모두 '이 세상 모든 존재가 시공간적으로 분리되어 있다'는 생각, 즉 현대 세계관에 바탕을 두고 있다. '이 세상 모든 존재가 시공간적으로 분리되어 있다'는 생각은 명백하게 현대 세계관의 관점에서 인식된 세계의 모습, 즉 '하나의 생각'이지만 현대인과 현대 사회는 이것을 사실로 간주하는 논리적인 오류를 범하고 있다. 이것을 사실로 간주하는 순간, 우리가 현대 세계관으로부터 탈피하는 것은 원천적으로 불가능하다.

형식 논리학은 동일률, 모순율, 배중률이라는 세 가지 요소에 기반하고 있다. 동일률이란 $\langle A = A \rangle$로 표기될 수 있다. '나는 나이다', '사과는 사과이다' 등이 동일률에 바탕을 둔 현실 인식의 사례이다. 모순율이란 $\langle A \neq \text{not } A \rangle$로 표기될 수 있다. '나는 나 아닌 존재가 아니다', '사과는 사과 아닌 존재가 아니다' 등이 모순율에 바탕을 둔 현실 인식의 사례이다. 배중률이란 동일률과 모순율을 합쳐 놓은 것으로, $\langle A = A \ \& \ A \neq \text{not } A \rangle$로 표기될 수 있다. '나는 나이며, 나 아닌 존재가 아니다', '사과는 사과이며, 사과 아닌 존재가 아니다' 등이 배중률에 바탕을 둔 현실 인식의 사례이다.

변증법적 논리학이란 $\langle A$는 not A로 되어 간다$\rangle$는 변화의 관점에서 세계를 인식하는 방식이다. 변증법적인 관점에서 보면, 모든 존재는 변화한다. A 속에는 A를 부정하는 모순이 배태되어 있다. 그래서 시간이 지나면 A는 not A로 되어 간다. 예를 들어 보면, 나는 지금 살아 있다. 그러나 내 안에는 태어날 때부터 죽음이라는 모순이 배태되어 있다. 시간이 지나면, 모순이 점점 커져서 마침내 살아 있는 나는 죽은 존재로 변화하게 된다.

탈현대 세계관의 관점에서 바라본 세계의 모습은 현대 세계관의 관점에서 바라본 세계의 모습과 전혀 다르다. 현대 세계관의 관점에서 보면, 이 세상 모든 존재는 시공간적으로 분리되어 있다. 반면에 탈현대 세계관의 관점에서 보면, 이 세상 모든 존재는 시공간적으로 연결되어 있을 뿐만 아니라 궁극적으로 하나이다.

그래서 탈현대 사회의 논리학은 현대 사회의 논리학과 전혀 다르다. 탈현대 사회의 논리학은 상즉(相卽, mutual identity)과 상입(相入, mutual penetration)의 논리학이다. 상즉 논리학은 형식 논리학과 정반대이다. 상즉 논리학의 세 가지 구성 요소는 〈A ≠ A〉, 〈A = not A〉, 〈A ≠ A & A = not A〉이다.

상즉 논리학의 첫 번째 구성 요소는 형식 논리학의 동일률과 정반대의 진술인 〈A ≠ A〉이다. '나는 내가 아니다', '사과는 사과가 아니다' 등이 〈A ≠ A〉라고 하는 상즉 논리학에 바탕 한 현실 인식의 사례이다. 상즉 논리학의 두 번째 구성 요소는 형식 논리학의 모순율과 정반대의 진술인 〈A = not A〉로 표기될 수 있다. '나는 나 아닌 존재이다', '사과는 사과 아닌 존재이다' 등이 〈A = not A〉라고 하는 상즉 논리학에 바탕 한 현실 인식의 사례이다. 상즉 논리학의 세 번째 구성 요소는 형식 논리학의 배중률과 정반대의 진술인 〈A ≠ A & A =

not A〉로 표기될 수 있다. '나는 내가 아니며, 나 아닌 존재이다', '사과는 사과가 아니며, 사과 아닌 존재이다' 등이 〈A ≠ A & A = not A〉라고 하는 상즉 논리학에 바탕을 둔 현실 인식의 사례이다.

상입 논리학은 변증법적 논리학과 다르다. 변증법적 논리학의 관점에서 보면, 시공간적으로 분리된 개체가 시간의 경과에 따라 변화해 간다. 즉 〈A는 not A로 되어 간다〉. 그러나 상입 논리학의 관점에서 보면, 어떤 존재도 분리된 개체가 아니며, 모든 존재는 시간의 흐름에 따라서가 아니라 지금 이 순간 〈A는 not A 안으로 들어간다〉. 그래서 A는 지금 이 순간 not A 안으로 들어간다. 예를 들어 보면, 내 밖의 공기인 대기는 지금 이 순간 내 안으로 들어와 나의 일부가 되고, 내 안의 공기는 지금 이 순간 내 밖으로 나가 대기의 일부가 된다.

현대 세계가 형식 논리학과 변증법적 논리학을 벗어날 수 없는 이유는 현대 세계관이 '모든 존재들 간의 근원적인 분리'를 가정하기 때문이다. 이것은 현대가 만들어 놓은 마음의 감옥이다. 나와 너는 근원적으로 분리된 개체이기 때문에, '너와 나'는 결코 하나가 될 수 없다. '시간적으로 그리고 공간적으로 이 세상 모든 존재가 하나'라고 하는 깨달음에 이를 수 없다. 결국, 현대 사회는 원천적으로 '사랑이 메말라 버린 사회'가 될 수밖에 없는 운명을 선고받은 것이다.

현대의 눈으로 보면, 분리된 개체로서의 이 세상 모든 존재는 서로 차이가 나며, 본래적으로 불평등하다. 그러나 탈현대의 눈으로 보면, 이 세상은 전혀 다른 모습을 하고 있다. '작은 풀줄기[莛]와 큰 기둥[楹]', '문둥병 환자[厲]와 미인 서시(西施)'는 지금 있는 그대로 하나이다[道通爲一]. 어떻게 그럴 수 있는가? 문둥병 환자도 미인 서시도 그리고 이 세상 모든 존재도 모두 도(道)를 품고 있기 때문이다.

그러므로 탈현대의 눈으로 보면, 모든 존재는 절대적으로 평등하다. 제물(齊物)의 세계가 열리는 것이다. 제물 사상의 절대 평등론에 비춰 본다면, 현대 평등론은 저급한 것이다. 현대 세계관의 관점에서 보면, 이 세상 모든 존재는 분리된 개체이다. 그러므로 모든 존재는 근원적으로 불평등하다.

그래서 어떤 현대의 평등론도 인간과 자연의 평등을 주창한 경우는 없다. 평등의 범주는 오직 인간에 국한된다. 인간 평등의 경우에도, 계몽사상가들이 생각한 인간은 백인, 남성, 유산층, 기독교도에 국한된 경우가 많았다. 공산정권이 들어서고, 그들이 평등을 추구했을 때, 그것은 쉽게 프로크루스테스의 침대가 되었다. 중국의 문화혁명은 좋은 역사적인 사례이다. 그것은 커다란 파괴를 초래했다.

현대의 불구적인 평등론은 기껏해야 서로 간의 차이를 폭력적으로 제거하는 것에 지나지 않았다. 역사적으로 보면, 그것조차도 제대로 이루어진 적이 없지만, 만일 피비린내 나는 과정을 통해 혹 거기에 도달했다고 하더라도 그것이 실제로 좋은 사회일 가능성은 전무하다.

장자의 절대 평등론은 현대의 저급한 평등론과는 차원이 다르다. 제물론의 기초는 모든 존재는 도(道)를 자신 안에 품고 있는 존귀한 존재라는 것이다. 그러므로 절대 평등론을 받아들이면서, 상대편을 함부로 대하는 것은 불가능하다. 아무리 하찮아 보이는 외양을 하고 있더라도 그들을 깊이 존중하고 존경해야만 한다.

절대 평등론의 관점에서 보면, 에고의 차원에서 나의 위치가 어디이든, '나는 내[나의 에고]가 아니며, 내가 아닌 모든 것이다.' '나는 곧 너'인 멋진 세계가 열리는 것이다. 그러므로 탈현대 사회는 '나와 네가 하나임'에 대한 자각 속에서, 나와 네가 사랑으로 결합하는 사회가

될 것이다. 탈현대 가족은 사랑의 가족이 될 것이다. 탈현대 다문화사
회는 사랑의 다문화사회가 될 것이다. 탈현대 정치는 사랑의 정치가
될 것이다. 탈현대 교육은 사랑의 교육이 될 것이다. 탈현대는 인간과
인간 간에만이 아니라, 인간과 자연, 인간과 인공지능 간에도 사랑으
로 결합하는 사회가 될 것이다.

2) 짧지 않은 오리 다리

『장자』「변무(駢拇)」 편에는 이런 구절이 나온다.

> 그러니까 물오리는 비록 다리가 짧지만 그것을 [길게] 이어 주면 괴로
> 워하고, 두루미의 다리는 길지만 그것을 [짧게] 잘라 주면 슬퍼한다.[34]

이 구절은 그리스 신화에 나오는 프로크루스테스(Procrustes)의 침대
를 떠올리게 한다. 프로크루스테스는 아테네 부근에 있는 케피소스
강가에 살았다. 프로크루스테스는 이곳에 여인숙을 차려 놓고 손님이
들어오면 집 안에 있는 쇠 침대에 눕혔다. 키가 침대보다 커서 밖으로
튀어나오면 침대의 크기에 알맞게 머리나 다리를 톱으로 잘라 내어
죽이고, 작으면 몸을 잡아 늘여서 죽였다.
  프로크루스테스의 침대 이야기 속에는 고대 그리스인들이 갖고 있
었던 기하학적 사유방식이 함축되어 있다. 고대 그리스의 기하학적

---

34 『莊子』,「駢拇」, "是故鳧脛雖短 續之則憂 鶴脛雖長 斷之則悲".

사유방식은 현대에 이르기까지 서구 사회에서 지배적인 사유방식으로 지속적인 영향을 미치고 있다. 현대에 접어들어 '어떻게 좋은 세상을 건설할 것인가?' 하는 이상사회 건설 방안을 생각했을 때도 기하학적 사유방식이 적용되었다. 현대에 들어서서 이루어진 모든 사회개혁의 바탕에는 '좋은 요소의 극대화'와 '나쁜 요소의 극소화'를 통한 좋은 세상 건설이라는 기하학적 사유방식이 자리 잡고 있다.

프랑스 혁명기 자코뱅당의 대숙청, 볼셰비키 혁명기 스탈린의 대숙청, 중국 혁명기 모택동의 문화혁명, 캄보디아의 킬링필드 등은 모두 기하학적 사유방식의 바탕 위에 이루어진 좋은 세상 만들기 전략이었다. 그리고 결과적으로 그것은 지옥을 만들었다. '좋은 세상 만들기'에 대한 불타오르는 이상과 이상을 실현하기 위해 쏟아부었던 수많은 헌신이 어떻게 이런 고통스러운 세계를 만들어 낼 수밖에 없었을까?

'내가 옳다'고 하는 옳을 수 없는 생각, 이것이 그 원인이 아니었을까? '내가 옳다'는 생각은 필연적으로 '틀린 너'에 대한 폭력을 유발했다. 현대에 되풀이된 이 실수를 탈현대 사회 건설에서 되풀이해서는 안 될 것이다. 우리는 '탈현대 사회 건설'에 대한 불타오르는 이상을 갖고 있다. 그리고 이상 실현을 위해 헌신하고자 한다. 그러나 에고의 차원에서 탈현대 사회를 건설하고자 했을 때, 우리는 현대의 실패를 되풀이할 가능성이 크다.

'내가 옳다'고 하는 생각이 근본적으로 옳을 수 없는 이유는 무엇일까? 그것은 '내가 옳다고 하는 생각'이 에고이고, 에고는 옳지 않기 때문이다. '오리의 다리가 짧다'는 생각, '두루미의 다리가 길다'는 생각, 왜 이 생각들이 틀린 것일까? 그것은 이 생각들이 에고의 판 위에서 이루어진 것이기 때문이다.

'참나'의 차원에서 보면, 오리의 다리는 짧지 않고, 두루미의 다리는 길지 않다. 오리와 두루미의 다리는 지금 있는 그대로 완전한 것이다. 그러므로 탈현대 사회는 프로크루스테스의 침대가 사라진 사회이다. 어떤 개인도, 어떤 민족도, 어떤 종교도, 어떤 문화도 길지도 않고 짧지도 않다. 어떤 부유한 사람도 부유하지 않고, 어떤 가난한 사람도 가난하지 않다. 어떤 미녀도 예쁘지 않고, 어떤 추녀도 못생기지 않았다. 어떤 똑똑한 사람도 똑똑하지 않고, 어떤 똑똑하지 않은 사람도 똑똑하지 않은 것이 아니다.

그래서 탈현대 사회에서는 모든 사람들이 "태어난 그대로의 자연스러운 모습을 잃지 않는다[不失其性命之情]." 탈현대 사회는 현대인을 괴롭혔던 모든 콤플렉스가 사라진 사회인 것이다. 어떻게 그럴 수 있을까? 만일 각자가 하나의 이파리라고 한다면, 우리들 모두는 같은 뿌리에서 생겨난 이파리들인 것이다. 그래서 탈현대인에게는 작은 이파리 앞에서 으스댈 일도 큰 이파리 앞에서 움츠러들 일도 없다. 더군다나 자기가 옳다고 생각하는 잣대를 들이대며 상대편을 재단하는 일은 더더구나 있을 수 없다.

3) 같지 않은 채 이루어지는 조화

『장자』「천지(天地)」편에는 이런 구절이 나온다.

서로 같지 않은 채 그대로 같게 만들면 대(大)라고 한다.[35]

35　『莊子』, 「天地」, "不同同之之謂大".

서로 다른 인종, 종교, 민족, 문화들이 차별하거나 배척하지 않고 조화를 이루면서 하나가 되는 사회, 이것은 탈현대 사회에 대한 훌륭한 묘사이다. 부부관계를 예로 들어, 부동동지(不同同之)의 사회를 설명해 보도록 하겠다.

이 세상 모든 부부를 세 가지 유형으로 나눌 수 있다. '동형(同型) 부부', '부동형(不同型) 부부', '부동동지형(不同同之型) 부부'가 그것이다. 어떤 유형의 부부가 가장 이상적일까? '부동동지형 부부'이다.

'동형 부부'는 서로의 차이를 존중하지 않는다. 힘이 센 쪽이 힘이 약한 쪽을 핍박해서, 자신과의 동화(同化)를 강요한다. 자신이 좋아하는 음식, 드라마, 취미생활, 생활습관 등을 상대편도 좋아할 것을 요구한다. 동화의 강요는 억압을 수반한다. '동형' 부부생활에서는 사랑이 자랄 수 없다.

'부동형 부부'는 서로 다름만 있고 같음은 없다. 각자 뿔뿔이 자신의 삶을 살아갈 뿐 함께함이 없다. 자기주장만 강하고, 상대편에 대한 존중은 약하다. '부동형 부부'의 경우, 서로의 다름은 빈번히 부부 갈등을 유발시킨다. 모래알과 같은 부부생활이다. '부동형' 부부생활에서도 사랑은 자라지 못한다.

'부동동지형 부부'는 서로 같지 않은 채 그대로 하나가 된다. 부부는 서로의 다름을 존중한다. 상대편을 자유롭게 한다. 상대편이 좋아하는 것을 함께하려고 노력한다. '부동동지형' 부부생활에서는 부부모두 행복하며, 사랑이 꽃핀다.

태극기 중앙 태극문양을 보면, 문양 한쪽은 음을, 다른 한쪽은 양을 상징한다. 음과 양은 서로 같지 않은 채[不同]로 존재한다. 그러나음과 양은 서로 분리되어 있지 않다. 서로 다른 채로 음 속에는 양이,

양 속에는 음이 내포되어 있고, 둘이 어울려 태극이라는 하나 됨을 이룬다.

자유와 평등은 현대사상의 핵심이다. 자유는 부부 유형으로 보자면 '부동형 부부'에 가깝다. 서로 다름이 있지만 같음은 없다. 평등은 부부 유형으로 보자면 '동형 부부'에 가깝다. 서로 같음은 있지만 다름에 대한 존중은 없다. 그래서 역사적으로 자유와 평등은 조화를 이루기 어려웠다. 자유를 강조하면 평등이 훼손되기 십상이고, 반대로 평등을 강조하면 자유가 훼손되는 경우가 많았다.

태극도에 잘 형상화되어 있는 음양 사상은 탈현대사상이다. 이것을 부부 유형으로 보면 '부동동지형 부부'라 하겠다. 평등[同]은 자유[不同]를 침해하지 않고, 자유는 평등을 침해하지 않는다. 부동인 그대로 동이 이루어져 있는 사회, 그곳이 바로 탈현대 사회이다.

『장자』「제물론(齊物論)」을 중심으로 하는 절대 평등 사상과, 「소요유(逍遙遊)」를 중심으로 하는 대자유 사상은 결코 서로 충돌하지 않는다. 서로 같지 않은[不同] 그대로 하나[同]가 되기 때문이다. 탈현대 사회는 바로 '이즉동(異卽同)'의 바탕 위에 구축된 사회인 것이다.

탈현대 사회에서 '부동동지'는 부부관계나 친구관계와 같은 작은 사회가 작동하는 원리이기도 하고, 전 지구적인 차원에서 이질적인 인종, 민족, 종교, 문화, 언어 등이 서로 조화롭게 공존하는 원리이기도 하다. 수많은 다른 것들[不同]이 서로 조화[同]를 이루어 가는 사회, 이것이 바로 탈현대의 꿈이다. 그리고 장자의 '부동동지' 사상은 이 꿈을 현실로 만들어 가는 데 중요한 사상적인 기반이 될 것이다.

2. 참나의 문명이 꽃피다

　장자가 꿈꾸는 새로운 세상은 '참나'의 문명이 꽃피는 사회이다. 탈현대 사회는 자연의 이치에 순응하고, 대도와 합치하는 사회이다. 이 세상에 도와 어긋나는 것은 에고뿐이다. 탈현대 사회에서는 에고가 떨어져 나가고, 인류 차원에서 존재 혁명을 이루어 낸다.

　탈현대 사회에서는 사소한 일상도 성스러운 것이 된다. 탈현대 사회는 영웅이 사라진 평화로운 사회이다. 강함에 대한 추구와 무한한 욕망의 추구가 종식된다. 새로운 세상에서는 강한 것이 약한 것의 아래에 위치한다. 탈현대 사회는 내[我]가 사라진 겸겸군자(謙謙君子)의 사회이다.

1) 인공지능과 무위지치

　『장자』「재유(在宥)」 편은 이렇게 시작한다.

　　천하를 있는 그대로 방임해 둔다는 말은 들었지만 천하를 다스린다는 말은 듣지 못했다.[36]

　'무위지치(無爲之治)의 꿈', 이것은 노자와 장자의 꿈이었을 것이다. 그러나 또한 이것은 한 번도 온전히 역사 속에서 구현되지 못했던 꿈

36　『莊子』, 「在宥」, "聞在宥天下 不聞治天下也".

이었다. 이어지는 글에서 장자는 중국인들이 이상사회로 기리는 요순 시대마저도 '무위지치의 꿈'에 도달한 것은 아니었다고 서술한다. 사실상 '무위지치의 꿈'이 현실화되기 위해서는 인공지능 시대를 기다려야만 했다. 왜일까? 인공지능 시대 이전에 이 꿈을 이루기에는 두 가지 결정적인 구조적 제약 요인이 있었기 때문이다.

한 가지 구조적인 제약 요인은 '생산력의 한계'라는 문제이다. 인류 역사의 대부분에 해당하는 것은 전현대 시기이다. 전현대 사회에서, 잉여생산은 극히 제한적이었다. 그래서 대다수 사회 구성원은 생산 노동에 자신의 삶을 모두 쏟아부어야만 했다. 오직 소수 지배계급만이 노동으로부터 면제된 삶을 향유할 수 있었다. 따라서 동서양의 모든 전현대 사회는 지배계급과 피지배계급의 구조를 갖고 있었다. 지배계급과 피지배계급의 구조를 가진 채로 무위지치를 실현한다는 것은 근원적으로 불가능한 일이었다.

산업혁명이 일어났고, 기계력이 생산현장에 적용되었다. 생산 중심지가 농장으로부터 공장으로 바뀌었다. 생산력은 비약적으로 증대했고, 전현대 사회에서는 꿈꿀 수 없었을 정도로 인류의 물질적인 삶은 비약적으로 개선되었으며, 대중이 여가를 향유할 수 있는 시대가 도래했다. 그러나 인간 욕망도 폭발했다. 현대인은 무한한 욕망을 추구했다. 폭발한 욕망을 충족시키기에 증대된 생산력은 턱없이 부족했다. 그래서 다시 자본가와 프롤레타리아라고 하는 지배와 피지배의 구조가 출현했다. 역시 무위지치의 실현은 불가능했다.

다른 한 가지 구조적인 제약 요인은 인류의 존재 차원과 관련된 문제이다. 전현대 사회에서 인류는 집단 에고 차원에서의 존재가 지배적이었다. 사람들은 자신이 소속된 집단의 일원으로 자신을 이해했다.

그래서 전현대인들은 가족, 지역, 인종, 종교, 국가 등 자신의 소속 집단의 이익과 번영만을 추구했다. 무위지치가 실현되기 위해서는 인간 본성 회복이 전제되어야만 한다. 즉, 인류적인 차원에서 '참나'의 실현이 필요하다. 그러나 전현대인은 이런 조건을 충족시킬 수 없었으며, 그러므로 무위지치의 실현은 불가능했다.

현대 사회도 사정이 여의치 않기는 마찬가지다. 현대 사회에서 인류는 개별 에고 차원에서의 존재가 지배적이다. 사람들은 각자의 이익과 번영만을 추구한다. 인류의 이런 존재 상태는 본성 회복과는 거리가 멀다. 그러므로 현대 사회에서 무위지치는 불가능하다.

그렇다면 무위지치가 실현되기 위해서는 어떤 조건이 충족되어야 할까? 위에서 설명한 두 가지 구조적인 제약 요인들이 해소되어야 한다. 위의 두 가지 구조적인 제약 요인은 해소될 수 있을까? 인공지능 시대에 이르러야만 해소될 수 있다는 것이 필자의 판단이다.

먼저 생산력 측면에서는 이미 커다란 변화가 일어나고 있다. 리프킨은 『한계비용 제로 사회』에서 결국 모든 재화와 용역의 생산비가 영에 수렴하게 될 것임을 주창했다. 그리고 일어날 수 없을 것 같은 이 변화는 이미 가시권에 들어와 있다. 인공지능이 도입되면서 생산단가는 가파르게 낮아지고 있으며, 3D 프린터는 향후 모든 생산을 주도할 것이다. 2040년대 중반 전후가 될 것으로 보이는 특이점(singularity)에 도달하면, 기술 폭발이 일어나고, 모든 기술적인 불가능이 사라지며, 경제적인 희소자원 역시 사라지게 된다. 인류는 더 이상 재화와 용역을 추구할 필요가 없는 시대에 진입하게 되며, 결국 생산력의 한계라는 구조적인 제약 조건은 완전히 해소될 것이다.

다른 한 가지 제약 조건인 인간 존재 차원의 변화가 가능할까? 가능하고 가능해야만 한다. 만일 인류가 존재 차원에서의 변화를 이루지 못한다면, 인류는 여전히 현대인이 갖고 있는 지배욕, 권력욕, 공격욕, 경쟁심과 같은 것들을 그대로 갖고 있을 것이다. 그리고 이런 인간 존재 상태로 아름다운 미래로 나아가는 것은 불가능하다. 인류는 대파국이냐, 문명의 놀라운 비약이냐 하는 갈림길에 서 있다. 그리고 인류와 지구의 운명을 결정할 요인은 인류가 존재 차원에서의 변화를 이루느냐 못 이루느냐에 달려 있다. 모든 역량을 동원해서 인류는 이 과제를 달성해야만 한다.

무위지치의 실현을 불가능하게 만들었던 이 두 가지 구조적인 제약 요인이 사라진다면, 어떤 일이 일어날까? 인류는 '무위지치'가 행해지는 탈현대 사회, 사랑의 사회에 진입하게 될 것이다.

2) 일상의 성화(聖化)

『장자』「천도(天道)」 편에는 이런 구절이 나온다.

대저 도란 아무리 큰 것에 대해서도 다하여 없어지는 일이 없고, 아무리 작은 것에 대해서도 버려두는 것이 없다.[37]

장자의 관점에서 현대적인 삶과 사회에 대한 단적인 평가를 내린다면, 그것은 '무도(無道)한 삶과 사회'라고 말할 수 있을 것 같다. 왜냐하

---

37 『莊子』, 「天道」, "夫道 於大不終 於小不遺".

면 현대적인 삶과 사회는 에고의 바탕 위에 구성된 것이며, 에고는 도와 어긋난 것이기 때문이다. 그러므로 에고에 바탕을 둔 어떤 행위나 사회현상도 도와 합치할 수 없다.

현대 사회에서 지극히 정상적인 것으로 간주되는 삶과 사회 역시 동일한 평가를 벗어날 수 없다. 예를 들어, 회사생활과 회사의 존재 자체도 그러하다. 현대 사회에서 개인이 회사에 취직해서 월급을 받아 생활하는 것은 지극히 정상적인 일로 간주된다. 그러나 탈현대적인 관점에서 보면, 이것은 소외된 삶이다. '이익 추구'가 삶의 중심을 차지하고 있기 때문이다. 도와 합치하는 삶에서 이익은 추구 대상이 될 수 없다.

회사라는 현대 조직 역시 마찬가지다. 회사의 목적은 이윤을 남기는 것이다. 이윤을 극대화하기 위해서는 정리해고 같은 것을 마다하지 않는다. 정리해고 대상이 되는 사람들이 얼마나 오랜 세월 회사와 관계를 맺어 왔고, 회사를 위해 헌신했는가 하는 것은 관심의 대상이 아니다. 회사가 거래 대상을 대할 때도 오직 이윤 극대화만이 적극적인 고려 대상이 된다. 인정이나 의리 같은 것은 부차적인 참고 사항일 뿐이다. 그러므로 회사라는 조직은 도와 어긋난 소외된 조직체이다.

종교사회학에는 '세속화(secularization)'에 대한 논의가 있다. 이것은 현대 사회에 접어들어서 원래는 성(聖)의 영역에 속했던 것들이 속(俗)의 영역으로 바뀌는 현상을 가리킨다. 회사인이나 회사와 같이 본래 이익 추구가 목적이 되는 경제적인 삶의 영역뿐만 아니라 교육 영역, 정치 영역, 의료 영역, 문화 영역, 심지어는 종교 영역에 이르기까지 경제적인 이익 추구가 확산되고 있다. 그 결과, 현대적인 삶과 사회 전체가 도와 어긋나게 되었으며, 소외되었다.

위의 세속화 과정을 현대화와 등치할 수 있다면, 탈현대화는 '성화(聖化) 과정'이라고 명명할 수 있겠다. '성화'란 원래 성(聖)의 영역이 아니었던 삶과 사회 영역까지도 점점 성스러운 것으로 바뀌어 가는 것을 의미한다. 예를 들어, 양치질이나 걷는 것, 숨 쉬는 것과 같은 일상적인 삶의 활동도 성스러운 것으로 바뀌어 간다. 정치나 교육, 문화와 같은 영역은 말할 것도 없고, 경제 영역에까지 성화가 진행된다. 이때, 경제 조직의 목표는 자신의 이익 추구가 아니라 인류를 비롯해서 모든 생명체에게 이익을 베푸는 것이 된다.

'성화'가 완성된 사회를 탈현대 사회라고 한다. 그래서 탈현대 사회에서는 개인의 행위와 같이 작은 곳에서부터 전 지구촌을 망라하는 큰 곳에 이르기까지 도가 미치지 않는 곳이 없게 된다. 대도(大道)의 사회가 구현되는 것이다.

3) 영웅이 사라진 사회

『장자』「각의(刻意)」편에는 이런 구절이 나온다.

공명을 세우지 않아도 [저절로 나라가] 다스려진다.[38]

'난세가 영웅을 낳는다'는 옛말이 있다. 『삼국지』를 읽으면 수많은

---

38 『莊子』,「刻意」, "無功名而治".

영웅이 출현한다. 유비(劉備), 제갈공명(諸葛孔明), 관우(關羽), 장비(張飛), 손권(孫權), 조조(曹操), 사마의(司馬懿) 등, 헤아릴 수 없이 많은 영웅호걸이 등장한다. 때는 황건적의 난이 창궐하고, 십상시(十常侍)들이 조정을 어지럽히는 지극히 암울한 후한(後漢) 말기였다. 영웅호걸 중 일부는 난세를 종식시키고자 하는 아름다운 꿈을 품고 있었다. 그러나 영웅들의 활약으로 시대는 안정되었는가? 아니다. 삼국시대는 백성들의 고통이 극에 달한 전란의 시대였으며, 삼국시대의 결말은 중국 역사상 가장 어두운 시기인 오호십육국(五胡十六國)시대(A.D. 304~439)의 문을 여는 것이었다.

좋은 세상이란 영웅의 출현을 원하지 않는 사회이며, 공명을 세울 필요가 없는 사회이다. 탈현대 사회란 어떤 사회일까? 탈현대 사회는 영웅이 나타나 공명을 세우지 않아도 저절로 다스려지는 사회, 다툼이 없는 평화로운 사회이다. 어떻게 그럴 수 있는가? 탈현대 사회는 도와 하나가 된 사회이기 때문이다.

조선일보 방씨 일가의 끝없는 탐욕과 안하무인, 한진 조씨 가족들의 대단한 갑질, 김학의 사건을 통해 보는 권력 집단의 부패, 버닝썬에서 물뽕을 마시는 재벌 3세와 연예인들. 우리 사회가 도와 어긋난 사회라는 징표를 찾는 것은 너무 쉬운 일이다.

도와 어긋난 관행을 문재인 정권에서는 적폐라고 부른다. 문 정권은 선거 운동 때부터 지금에 이르기까지 '적폐청산'을 부르짖고 있다. 그렇다면 우리는 문 대통령을 '난세의 영웅'이라고 불러도 될 것이다. 그러나 '적폐와의 전쟁은 과연 성공할 것인가?' 어느 신문에서 이런 구절을 본 기억이 난다. '적폐청산은 짧고 적폐는 길다.' 이 문구는 적폐와의 전쟁의 끝을 암시하고 있는 것 같다. 범죄와의 전쟁을 선포하지 않은 정부가 드물지만, 전쟁의 결과로 범죄가 사라진 사회는 존재하지 않듯이.

난세를 끝내고자 하는 영웅의 노력은 왜 빈번히 실패로 끝나고 마는 것일까? 필자는 미국 유학 시절 텃밭 농사를 지어 본 적이 있다. 필자가 공부한 곳은 '아이오와주', 우리나라의 강원도에 해당하는 지역이다. 아이오와주는 우크라이나와 더불어 세계적으로 유명한 흑토지대이다. 땅 색깔이 검어서 그곳 아이들은 땅을 검게 색칠한다. 아이오와는 땅이 엄청 비옥하다. 우리 부부는 작은 땅을 분양받아 농사를 지었다. 손바닥만 한 땅에서 매일같이 '잡초와의 전쟁'을 벌였지만, 다음 날 가면 다시 잡초가 무성하게 솟아난 땅을 만났다. 영웅들의 분투는 '잡초와의 전쟁'과 흡사한 것이 아닐까?

방씨와 조씨, 김학의와 연예인, 이들의 공통점은 권력을 가진 집단이란 점이다. 현대 사회에서는 힘 있는 자의 힘 없는 자에 대한 군림이 용인되며, 정상적인 것으로 간주된다. 힘센 서구는 힘없는 비서구를 유린했으며, 힘센 국가는 힘없는 국가 위에 군림하고자 한다. 힘센 자본가나 권력자는 힘없는 사람들에게 힘을 휘두른다. '강자의 약자에 대한 지배'를 정상적인 것으로 간주하는 가운데, 영웅들은 힘을 통해 정의를 구현하고자 한다. 그러나 그가 힘을 갖게 되면, 그 자신이 횡포한 지배자로 전락하는 것을 역사 속에서 많이 발견할 수 있다. 조조는 그 전형적인 사례이다.

투쟁을 통해 평화를 건설하고자 했던 공산주의운동이 결국 실패로 돌아갔듯이, 공명(功名)을 세워 다스림에 이르고자 하는 노력도 같은 전철을 밟을 것이다. 결국 다스림은 탈현대의 몫이 될 수밖에 없는 것 같다. 무한한 욕망의 추구가 멈추어졌을 때, 『주역』 「지산겸괘(地山

謙卦)」의 이치를 체득하고 실천하는 탈현대인에 의해서만, 평화로운 사회, 공명을 세움 없이 다스림이 이루어지는 사회가 건설될 수 있을 것이다.

4) 인은(仁恩)을 치켜세우지 않는 사회

『장자』「추수(秋水)」편에는 하백(河伯)의 질문에 대한 북해약(北海若)의 대답 중에 이런 구절이 있다.

> 그래서 위대한 인물[대인(大人)]의 행위는 남을 해치는 짓을 하지는 않으나 [그렇다고] 인은(仁恩)을 [남에게 베푸는 짓을] 치켜세우지도 않소.[39]

무엇인가 도움이 필요한 사람에게 베푸는 것은 좋은 일일까? 나쁜 일일까? 물론 좋은 일이다. 현대 사회에는 베풂이 드물고, 베풂을 중히 여긴다. 탈현대 사회에서는 베풂이 흔하고 베풂을 중히 여기지 않는다.

현대인은 소인(小人)이며, 무도한 존재이다. 무엇인가 도움이 필요한 사람에게 베푼다는 것은 현대인에게는 아주 어려운 일이다. 자기 자녀들에게는 수억 원의 돈도 아낌없이 써 대는 사람이 어려움을 겪고 있는 이웃에게는 돈 몇만 원에도 부들부들 떤다. 그 결과, 수억 원을 쏟아붓는 자녀도 망치고, 이웃을 돕지 못하는 자신도 망친다.

---

39 『莊子』,「秋水」, "是故大人之行 不出乎害人 不多仁恩".

베풂이 드물어지니, 베풂이 중히 여겨진다. 필자는 언제나 폐차가 얼마 남지 않은 낡은 차를 타고 다닌다. 10여 년 전에도 폐차 직전의 낡은 차를 타고 가다가 차가 편도 5차선의 넓은 길 한가운데에 멈춰 버렸다. 그리고 비가 내리고 있었다. 필자는 어쩔 수 없이 차에서 내려 운전자석 문을 열고, 한 손은 핸들을 잡고 다른 한 손은 차 문을 잡고 끙끙대며 밀었다. 차가 쌩쌩 달리는 큰길 한가운데서 정지된 차를 길가까지 미는 일은 무척 힘이 들었다. 그때 봉고차를 타고 가던 한 청년이 자신의 차를 길가에 세우고, 비를 맞으면서 차를 힘껏 밀어 주었다. 차가 길가에 이르자 그 청년은 인사도 받지 않고 쏜살같이 봉고차를 몰고 떠나 버렸다.

그 청년은 대인(大人)이며, 도와 하나가 된 삶을 살아가는 탈현대인이다. 도움을 필요로 하는 사람에게 도움을 베푸는 것은 그 청년에겐 자연스러운 일이었을 것이다. 그는 자신이 베푼 도움을 중히 여기지 않았다. 베풂이 드문 현대 사회이기에 그날 빗속에서 청년이 필자에게 베풀어 준 도움은 아직도 마음속에 똑똑히 남아 있다.

탈현대 사회는 어떤 사회일까? 필자에게 도움을 베푼 그 청년과 같은 사람들로 구성된 사회이다. 그들은 상대편을 해치지 않는다. 상대편을 해친다는 것은 그들에겐 너무나도 어려운 일이며, 불가능한 일이다. 상대편에게 도움을 베푼다는 것은 그들에겐 쉽고, 자연스러운 일이다. 그래서 탈현대 사회에서는 아무도 해치는 짓을 하지 않으나, 남에게 베푸는 것을 치켜세우지도 않는다.

태양은 모든 생명체에게 따뜻한 빛을 선물한다. 그러나 '내가 햇빛을 비춰 줘서 너를 살렸어'라고 생각하지 않는다. 비는 모든 생명체에게 내려 만물이 무성하게 한다. 그러나 '내가 비를 내려서 너를 무성하게 했어'라고 으스대지 않는다. 땅은 모든 생명체를 실어 준다. 그러나 '내가 너를 살고 자라게 해 주는 거야.' 하며 뽐내지 않는다.

탈현대인이란 태양, 비, 땅과 같은 존재이다. 김기태 선생님에게는 이런 일화가 있다. 큰 고통체를 안고 살아가는 한 여인이 있었다. 거창에 살고 있었고, 큰 병을 앓고 있어서 운신이 불가능했다. 그 여인이 간절한 마음으로 김기태 선생님께 도움을 요청해 왔다. 김기태 선생님은 한순간의 망설임도 없이 그 요청을 받아들였다. 그날 이후 그 여인이 세상을 하직하는 날까지, 김기태 선생님은 대구에서 거창까지 매주 한 번씩 그 여인을 찾았다. 경제적으로 김기태 선생님은 늘 가난하다. 그리고 선생님의 차는 고속도로 운행이 위험한 낡은 차였다. 어떤 경제적인 보상도 없이, 수년간 선생님은 그 여인에게 도움을 베풀었고, 마침내 그 여인은 죽기 전에 마음의 평화를 얻을 수 있었다.

도움을 필요로 하는 사람에게 누군가가 베푸는 도움은 소중한 것이다. 그러나 도움을 베푸는 사람의 입장에서 보면, 도움을 필요로 하는 사람에게 도움을 베푸는 것은 당연한 것이다. 그래서 탈현대인은 베풂을 중히 여기지 않으면서 도움을 베푼다.

5) 내가 사라진 사회

『장자』「열어구(列禦寇)」 편에는 이런 구절이 있다.

덕을 갖춘 자는 자기 힘으로 이루었다고 생각하지 않으므로 그 덕이 있는 것이니 하물며 도를 터득한 사람이야 더 말할 나위 있겠는가![40]

도스토옙스키는 『카라마조프가의 형제들』에서 이렇게 말했다. '만일 하느님이 계시지 않다면, 모든 것이 허용된다.'

니체는 '신은 죽었다'라고 선언했다. 그리고 그는 깨달음의 체험을 한다. 그래서 그는 '내가 신이다!'라고 하는 광증에 이른다.

이 두 가지 사례는 모두 서구의 유신론적 세계에서 신이 죽었을 때 생겨나는 혼란이다.

성 프란체스코(Francesco d'Assisi, 1182~1226)나 십자가의 요한(Saint John of the Cross, San Juan de la Cruz, 1542~1591) 등 가톨릭 성자들을 보면, 한결같이 신비 체험을 통해 마음이 점점 더 낮아진다. 그래서 그들은 마침내 가장 높은 곳에 이르게 된다. 그러나 신이 죽은 현대 사회에서 니체는 신비 체험을 통해 마음이 점점 높아진다. 에고가 신비 체험을 통해 자신을 높였던 것이다.

광야에서 사탄이 예수에게 던진 마지막 유혹은 무엇이었을까? '깨달음의 왕국에서 너에게 왕의 자리를 주겠다.' '너에게 신의 자리를 주겠다.' '모든 사람들이 너를 찬미하고 우러러보도록 해 주겠다.'

'내가 신이 되었다!', 이것은 에고의 외침이다. '내가 도(道)와 하나가 되었다!', 이것도 에고의 외침이다. 신이 죽었을 때, 서구 사회에서는 많은 천재들이 광인이 되었다. 신이 살아 있었을 때, 서구에서는 많은 성인들이 나타났었다. 유신론 전통이 없는 동아시아 사회에서는 '도를 깨닫는 것'이 늘 양날의 칼이었다.

---

40 『莊子』, 「列禦寇」, "有德者以不知也 而況有道者乎".

깨달음이란 '내가 거대한 바다의 아주 작은 일부'임을 아는 것인데, 에고는 깨달음의 체험을 사유화함으로써 '내가 거대한 바다'라고 하는 함정에 쉽게 빠져든다. 마음은 높아지고, 다른 사람들이 자신을 경배할 것을 요구하고, 경배함을 당연시하게 된다. 그래서 그들은 깨달음의 체험을 한 자신을 향해 웃을 수 없게 된다. 마음이 높아진 자신의 하찮음을 볼 수 없게 된다. 더 이상 배우려고 하지 않는다.

깨달음은 궁극적인 목표가 아니다. 깨달음의 체험은 존재 변화라는 산 정상에 오르기 위한 하나의 길일 따름이다. 그러나 장자 사상과 선불교 전통이 교조화되면서, 깨달음의 체험 자체를 궁극적인 목표로 착각하는 문제가 생겨났다. 존재 변화에 이르는 하나의 길을 존재 변화로 착각하고, 자기 학파의 입장을 진리로 착각하게 된 것이다.

탈현대 사회로 가는 유일한 길은 인류의 존재 변화이다. 인류가 사랑의 존재로 재탄생하는 것이다. 탈현대 사회는 존재 변화를 이룬 사람들의 사회이며, 지극히 겸손한 사람들의 사회이다. '진정한 덕을 갖춘 자는 자신의 힘으로 덕을 이루었다고 생각하지 않는다.' '자신의 힘으로 덕을 이루었다고 생각하는 자는 진정한 덕을 갖춘 자가 아니다.' '내가 했다', '내가 보았다'라는 생각에 가득 차 있다면, 그는 한 것도 본 것도 아니다. 왜냐하면 진정한 함과 봄이란 '내[에고]가' 떨어져 나간 상태에서만 이루어지는 것이기 때문이다. '내가 신이 된 사람들', '내가 깨달은 사람들'로 탈현대 사회를 만들어 갈 수는 없다. 왜냐하면 그들은 전형적인 현대인, 에고의 결정체이기 때문이다.

탈현대 사회는 현대적인 관점에서 보면 사회 구성원들의 주체성이 사라진 사회이다. 그러나 탈현대적인 관점에서 보면, 탈현대 사회는 사회 구성원들의 진정한 주체, 즉 '참나'가 깨어나 활동하는 사회이다.

내[에고]가 죽음으로써만 진정한 내[참나]가 살 수 있다. 탈현대 사회는 '내가'가 사라진 지극히 겸손한 사람들의 사회인 것이다.

어디로 갈 것인가

나그네의 갈 길은 먼데 해는 저물고 있다.

인공지능의 급속한 발달로 현대 자본주의 시스템, 현대 국가 시스템, 현대 교육 시스템 등 모든 현대 사회 시스템들이 붕괴하고 있다.

『주역』「진괘(震卦)」 괘사(卦辭)에 '우레가 쳐서 모든 것이 무너져 내리니 두려운 마음이 든다[震來虩虩]'는 구절이 있다.

인공지능의 급속한 발달로 현대 사회 시스템들이 모두 무너져 내리니 두려운 마음이 든다. 왜일까? 현 인류가 낡은 현대 세계관에 고착되어 있기 때문이다. 낡은 현대 세계관의 관점에서 보면, 낡은 현대 사회 시스템들이 붕괴하는 것은 무엇인가? 세상이 망하는 것이다. 그러므로 무너져 내리는 현대 사회 시스템들을 복구하고자 하는 파괴적인 노력을 기울이게 된다. 이것이 바로 문명의 현 상황이다.

장자는 무너져 내리는 현대 사회 시스템들을 복구하고자 하는 파괴적인 노력을 중단하라고 말한다. 현대 사회 시스템들이 무너져 내리는 모습을 지켜보면서 깔깔대고 웃으라고 말한다[笑言啞啞].

장자는 왜 현대 사회 시스템들이 무너져 내리는 것을 보면서 깔깔대고 웃으라고 하는 것일까? 그것은 무너져 내려야 하는 것들이 무너지고 있기 때문이다. 현대라는 허물어져 가는 낡은 건물 위에 탈현대라는 새 건물을 세울 수는 없기 때문이다. 현대가 무너져 내려 폐허가 된 그곳이 바로 탈현대의 새 건물을 세울 터전이 되기 때문이다.

인공지능이란 새로운 기술의 토대 위에 펼쳐진 새로운 세상에 대한 장자의 꿈은 어떤 것일까? 그곳은 인류가 존재 혁명을 이루어 사랑의 삶을 살아가는 아름다운 세상이다. 모든 차별과 억압이 사라진 제물(濟物)의 세상이다.

1. 인공지능이 발달하니 현대 사회 시스템이 붕괴한다

인공지능 발달을 중심으로 신기술 혁명이 일어나고 있다. 커즈와일이 말한 수확가속의 법칙에 따라 신기술 혁명은 앞으로 더욱 가속화될 것이다. 과거 산업혁명이 모든 전현대 사회 시스템들을 붕괴시켰듯이, 지금 신기술 혁명은 모든 현대 사회 시스템들을 붕괴시키고 있다.

인공지능 로봇이 인간 노동을 대신하면서, 노동에 대한 배분이 줄어들고, 이는 구매력의 약화로 이어지면서 자본주의 시스템이 붕괴 과정에 들어갔다. 실업 증가와 복지 수요 증대로 세출이 급속히 늘어나고 있지만, 근로 소득세와 법인세를 비롯한 세수는 줄어들고 있고, 이것은 국가 채무 증대와 현대 국가 시스템의 붕괴로 이어질 것이다. 인공지능의 발달은 지식교육의 가치를 떨어뜨리고, 직업교육을 무용하게 만든다. 이에 따라서 현대 교육 시스템은 붕괴하고 있다.

1) 인공지능의 발달과 현대 자본주의 시스템의 붕괴

인공지능의 발달은 현대 자본주의 시스템을 구성하는 한 축인 노동자 집단의 붕괴를 초래한다. 이것은 자본주의 체제 붕괴를 초래한다. 현대 세계관의 관점에서 보면, 자본주의 체제는 '욕망 충족적인 사회 건설'이라는 현대 사회 목표 달성에 크게 기여했다. 그러나 탈현대 세계관의 관점에서 본다면, 현대 자본주의 시스템은 지극히 야만적이며 사라져야 할 낡은 경제 시스템이다.

현대 자본주의 시스템은 붕괴해야 한다

탈현대적인 관점에서, 현대를 신 암흑시대라고 규정할 때, 그 첫 번째 이유가 바로 현대 자본주의 시스템일 것이다. 자본주의 체제가 '이윤 추구'를 궁극적인 목표로 삼고 있다는 것 자체가 야만성의 근거이며, 또한 무자비한 이윤 추구의 결과로 빚어지는 재앙적인 환경 파괴, 분쟁의 증가, 양극화 등을 고려한다면, 자본주의 체제가 지극히 야만적인 사회 시스템이라는 점에는 이견이 없을 것이다.

'이윤'이 궁극적인 추구의 대상이 될 수 없다는 점, '이윤 추구'가 인간다운 삶을 위한 최종적인 목적이 될 수 없다는 점은 분명하다. '자본[돈]'을 궁극적인 추구의 대상으로 삼는 자본주의 체제는 원천적으로 소외된 체제인 것이다.

자본주의가 원천적으로 소외된 체제라고 하는 자본주의 체제에 대한 본질적인 비판은 자본주의가 본격적으로 시작되었던 19세기 중엽에 이미 이루어졌다. 마르크스의 물신성(fetishism) 비판이 바로 그것이다. 마르크스의 물신성 비판은 L. A. 포이어바흐(Ludwig Andreas Feuerbach, 1804~1872)가 『기독교의 본질』(2008)에서 행한 기독교 비판의 구도를 차용한 것이었다.

포이어바흐는 『기독교의 본질』에서 기독교가 전면적으로 소외된 종교임을 주창했다. 유물론자인 포이어바흐의 관점에서 볼 때, '신'은 원래 존재하지 않았다. '신'이란 인간에 의해 창조된 개념일 뿐이다. '신'이란 인간 속에 있는 가장 좋은 것들을 투사해서 만들어진 것이다. 그러므로 인간은 신의 창조자이고, 신은 인간의 피조물이라는 것이 인간과 신의 본래 관계이다. 그러나 일단 '신'이 창조되고 나자, '신'은 창조자 자리를 차지해서 인간을 지배하고, 인간은 피조물의 위치로 떨어져 신을 숭배하게 되었다. 인간과 신의 본래적인 관계의 역전, 소외가 발생한 것이다.

마르크스는 『경제학-철학 수고』(2006)에서 화폐의 물신성을 비판했고, 『자본론』(2015)에서는 상품의 물신성을 비판했다. 포이어바흐의 기독교 비판에서 '신'이 위치한 자리에 '돈[상품]'을 대입한 것이다. 인간은 돈과 상품의 창조자이고, 돈과 상품은 인간의 피조물이다. 이것이 '인간'과 '돈·상품' 간의 본래적인 관계이다. 그러나 일단 돈과 상품이 만들어지고 나면, 피조물인 돈과 상품이 인간을 지배하게 되고, 창조자인 인간은 돈과 상품의 지배를 받게 된다. '인간'과 '돈·상품' 관계의 역전, 소외가 발생한 것이다. '물신 세계로서의 자본주의 체제', 이것이 바로 자본주의에 대한 본질적인 비판이다.

물신성에 대한 마르크스의 비판은 G. 루카치(György Lukács, 1885~1971)의 물화(reification) 논의를 통해 자본주의 체제에 대한 본질적인 비판으로 이어진다. 루카치는 『역사와 계급의식』(2015)에서 자본주의 체제로의 전환에 따라 사용가치는 교환가치로 바뀌게 되고, 인간적인 삶의 영역조차 교환과 거래가 가능한 사물로 전락하면서 상품 형식이 완성된다고 말했다. 즉 자본주의 체제의 근본적인 소외를 비판했다.

탈현대적인 관점에서 보면, 자본주의 체제는 암흑시대로 현대 사회를 조망하는 데 그 중심에 있다. 개인적인 삶에서나 전체 사회의 목표로서 '돈을 궁극적인 목표로 추구'한다는 것은 천박하기 짝이 없다. 더군다나 인류 역사상 물질적으로 가장 풍요로운 시대를 살아가고 있는 지금, 여전히 경제동물(economic animal)로서의 인류의 존재 상태를 탈피하지 못하고 있는 것은 통탄스러운 일이다.

현대 자본주의 시스템은 붕괴하고 있다

인공지능 시대가 도래하면서, 자본주의 체제는 필연적으로 붕괴할 수밖에 없고, 붕괴하고 있다. 인공지능 발달은 어떻게 자본주의 체제 붕괴를 초래할 것인가? 두 가지 방식이 있다. 하나는 인공지능 발달에 따른 경제적인 희소성의 소멸이고, 다른 하나는 노동 감소에 따른 구매력 약화이다.

인공지능 발달이 자본주의 체제 붕괴를 초래할 첫 번째 요인은 인공지능 발달에 따른 경제적인 희소성의 소멸이다. 인공지능 발달을 중심에 두는 신기술 혁명의 궁극적인 결과는 모든 경제적인 희소가치를 사라지게 할 것이다. 2014년 리프킨은 『한계비용 제로 사회』를 발표했다. 제목에서 보여 주듯이, 이 책에서 리프킨의 주장의 요점은 특정의 재화나 용역을 생산하는 데 드는 비용이 0원에 수렴하는 사회로 우리는 나아가고 있다는 것이다. 다시 말하자면, 신기술 혁명의 결과로 인류는 지금 '물질적으로 무한히 풍요로운 사회'를 향해 나아가고 있는 것이다.

재화나 용역의 가치가 결국 영에 수렴하게 될 조짐은 이미 나타나고 있다. 2008년 세계금융위기 이후 미국과 유럽을 중심으로 엄청난 돈이 풀렸다. 예전 같으면, 이렇게 많은 돈을 풀면 하이퍼인플레이션(hyperinflation)이 나타났을 것이다. 그런데 현실은 이와 정반대로 유례를 찾기 힘든 범세계적인 디플레이션이 나타나고 있다.

엄청난 양적 완화를 단행했는데도 전 세계가 디플레이션의 늪에 빠진 이유는 무엇인가? 두 가지 커다란 원인이 존재한다. 하나는 구매력 증가가 일어나지 않는 것이고, 다른 하나는 생산단가가 지속적으로 하락하는 것이다. 여기서 주목하고자 하는 것은 두 번째 요인인 생산단가의 지속적인 하락이다.

2018년 미국 샌프란시스코에는 '크리에이터'라는 상호의 로봇 햄버거 가게가 문을 열었다. '햄버거 맨'이란 이름의 이 인공지능 로봇은 1시간에 최대 120개의 햄버거를 만들 수 있으며, 인건비가 들지 않아서 단가는 반값이라고 한다(조선일보, 2019. 9. 19). 이렇듯, 인공지능 로봇이 상품생산과 서비스 단가를 낮추기 시작했으며, 앞으로 인공지능 로봇이 인간 노동을 광범위하게 대체하면서 생산단가가 지속적으로 그리고 급진적으로 하락할 것은 분명하다.

근본적으로 보면, 문명의 시작과 더불어 기술 발전에 따라 특정 재화나 용역의 생산단가는 지속적으로 감소해 왔다. 그러나 전현대 문명에서는 기술 발달 속도가 아주 느렸고, 산업혁명 이후 기술은 빠른 속도로 발달했으나, 최근 인공지능을 중심으로 하는 신기술 혁명으로 인해 폭발적인 기술 발달이 일어나고 있다. 이는 생산단가의 급속한 감소로 이어질 것이다.

수확가속의 법칙에 따라, 기술 발달 속도는 가속화될 것이고, 마침내 커즈와일이 2045년경으로 예측한 특이점(Singularity)에 도달할 것이다. 특이점이란 기술 발달의 속도가 무한대에 이르는 지점을 말하며, 이때가 되면 인간보다 뛰어난 인공지능 로봇이 자신보다 뛰어난 인공지능 로봇을 만들 수 있게 됨으로써 무한생산이 가능해지고, 모든 경제적인 희소가치가 사라지며, 모든 재화와 용역의 가치는 0에 이르게 될 것이다.

특이점에 이르면, 개인적인 차원에서나 기업의 차원에서 이윤 추구를 목적으로 하는 자본주의 체제는 벌써 소멸해 있을 것이다. 모든 재화와 용역의 가치가 0이 된 사회에서 이윤 추구란 있을 수 없는 일이기 때문이다.

인공지능 발달이 자본주의 체제 붕괴를 초래할 두 번째 요인은 구매력 감소이다. 이것은 위에서 논의한 경제적인 희소성의 소멸에 앞서 자본주의 체제 붕괴를 촉진시킬 요인이다. 인공지능 로봇이 인간 노동을 대신함에 따라, 인간 노동 축소가 일어나고 있고, 노동 축소는 필연적으로 구매력 감소를 초래한다. 그리고 구매력 감소는 자본주의 체제를 근본에서부터 위협하는 요인이 된다.

자본주의 시스템 유지에 필수적인 것은 구매력 확장이다. 그러나 인공지능 발달에 따라 인공지능 로봇이 인간의 일자리를 대신하고 있다. 따라서 인간의 일자리가 줄어들고, 일자리를 차지하기 위한 경쟁이 심화된다. 그 결과, 비정규직의 증가를 포함해서 고용조건이 지속적으로 악화된다. 이에 따라서 노동자에 대한 분배 몫이 현저하게 감소한다. 인류의 대부분은 노동자이기 때문에, 노동자에 대한 분배가 감소하면, 구매력이 감소한다. 구매력 감소는 자본주의 체제 붕괴를 촉발시킬 것이다. 2008년 세계금융위기를 출발점으로 해서 자본주의 체제 붕괴는 이미 시작되었으며, 앞으로 더 큰 혼란을 겪으며 결국 붕괴할 것이다.

인공지능 발달을 그 중심에 두는 신기술 혁명은 산업노동자의 존립 기반 자체를 와해시키고 있다. J. 리프킨(Jeremy Rifkin)은 이미 '1995년'에 『노동의 종말』이란 책을 발표했다. 인공지능 로봇이 인간 노동을 대체하면서, 인간에 의한 노동은 급속히 축소되고 있고, 궁극적으로는 사라질 것이라고 그는 주장했다. 이 책이 발표된 지 25년이 지났고, 이것은 산업노동을 중심에 두는 자본주의 체제 붕괴를 촉발시키고 있다.

인공지능 발달은 중대한 기술혁신이고 생산능력의 비약적인 증대를 의미한다. 동시에 인공지능 발달은 구매력 감소를 수반한다. 왜냐하면 인공지능은 인간 노동을 대신하며, 이는 노동자의 소득 감소를 가져오기 때문이다. 생산력 급증과 구매력 급감은 생산력과 구매력 간의 현저한 불균형을 초래한다. 지금까지는 늘 생산력 급증이 경제공황의 원인이 되었고, 구매력 감소가 경제공황의 원인이 된 적은 없었다. 그런 의미에서, 최근 자본주의 체제가 겪고 있는 어려움은 새로운 상황이며, 또한 근본적인 해결이 불가능한 상황이다.

인공지능 활용으로 인한 소비 위축이 멈출 수 있는가? 멈출 수 없다. 인공지능 발달은 더 빠른 속도로 인간 노동을 대체해 나갈 것이다. 일자리가 줄어들면, 고용시장에 수요공급의 균형이 와해된다. 여전히 많은 사람이 직장을 원하는데, 인간 노동에 대한 수요가 가파르게 줄어들면 어떤 일이 벌어질까? 취업 희망자들은 취업을 위해 더 격한 경쟁을 치러야 한다. 자본가의 입장에서는 비정규직 고용을 확대하고, 정규직이라고 하더라도 임금과 근무조건을 악화시키게 된다. 이것이 현재 지구촌에서 일어나고 있는 일이다. 그 결과, 임금소득은 계속 감소할 것이다.

자본주의 체제가 존속하는 한 아무도 이 변화를 막을 수 없다. 좌우를 가리지 않고, 전 세계 모든 대통령 후보자들은 새로운 일자리 창출과 청년실업 문제 해결을 공약으로 내건다. 그러나 그 공약을 실천한 대통령은 없다. 오직 강대국은 약소국의 일자리를 빼앗아서 어느 정도 그 목표를 달성할 수 있을 뿐이다. 현재 미국이 강압적으로 시도하고 있는 것이 바로 이것이다. 그러나 전 세계적으로 보면, 일자리의 절대 수가 감소하기에, 강대국이 더 많은 일자리를 강탈하면, 약소국에서는 더욱 급진적으로 일자리 축소가 일어나게 되며, 결국 부익부빈익빈, 세계의 양극화는 더 심화될 수밖에 없다.

2008년 리먼-브러더스라고 하는 하나의 은행 파산으로 세계금융 위기가 촉발된 것을 우리는 목격했다. 이미 전 세계는 밀접하게 연결되어 있는 것이다. 아마도 국가들 중에서 가장 취약성이 높은 국가부터 파산할 것이다. 그리고 연쇄적인 국가 부도 사태가 이어질 것이고, 이는 자본주의 체제의 종말을 의미할 것이다.

자본주의 체제의 몰락은 경제체제의 몰락을 의미하는 것이 아니다. 자본주의 체제의 몰락은 현대 경제체제의 몰락을 의미할 뿐이다. 자본주의 체제는 필연적으로 몰락할 것이며, 몰락해야만 한다. 문제는 자본주의 체제가 몰락할 것이냐 아니냐가 아니다. 문제는 얼마나 순조롭게 현대 자본주의 체제가 붕괴된 그 자리에 탈현대 경제체제를 수립하느냐 하는 것이다. 이를 위해서, 인류는 자본주의 체제 이후의 탈현대 경제체제에 대한 많은 모색과 논의를 진행해야 한다.

2) 인공지능의 발달과 현대 국가 시스템의 붕괴

현대 국민국가를 그 중심에 둔 현대 정치는 현대 세계관에 바탕을
둔 정치 시스템이다. 1789년 프랑스대혁명을 기점으로 현대 국민국
가는 왕정을 타도하고 새로운 정치 시스템으로 부상했다. 현대 사회
의 궁극적인 목표의 하나는 '합리적인 사회 건설'이다. 현대 국민국가
를 중심에 두는 현대 정치 시스템은 삼권분립, 직선제, 다수결, 법률
에 따른 통치, 지방자치제 등의 제도적인 장치를 통해 합리적인 사회
건설에 기여했다. 그러나 문명 대전환기인 현시점에 이르러 현대 정치
는 시대에 뒤떨어진 낡은 정치로 전락했으며, 인공지능의 발달에 따
라 이미 붕괴 과정에 접어들었다.

현대 국가 시스템은 붕괴해야 한다

인공지능의 발달에 따라 현대 국가 시스템은 자연적으로 붕괴될 것
이다. 하지만 문명 대전환기를 맞이한 현시점에서 보면, 낡은 현대 국
가 시스템은 적극적으로 붕괴해야만 한다. 사회 모든 분야가 세계화
하는 현시점에서, 배타적으로 자국의 이익만을 추구하는 현대 국가
는 인류가 새로운 문명으로 나아가는 것을 가로막는 중요한 걸림돌이
되어 버렸기 때문이다. 뿐만 아니라 현대 국가 시스템이 추구하는 목
표 자체가 이젠 시대에 뒤떨어진 것이 되어 버렸다.

현대 정치가 추구하는 궁극적인 목표는 현대 사회의 완성이다. 즉,
'합리적인 사회'와 '욕망 충족적인 사회'를 건설하는 것, 즉 현대화를
달성하는 것이다. 그러나 문명의 현시점은 현대 사회를 완성시켜야 할
때가 아니라 현대 사회의 폐허 위에 탈현대 사회를 건설해야 할 때이

다. 그러므로 현대 국가 시스템은 붕괴되어야만 한다.

현대 정치의 인간관적인 기반을 제공한 사람은 홉스이다. 그는 '인간은 무한한 욕망[특히 권력]을 추구하는 존재라고 보았으며,『리바이어던』(1994) 서두에서 "인간은 인간에게 있어서 늑대이다(homo homni lupus)"라고 말했다. 그러므로 자연 상태에서는 '만인의 만인에 대한 투쟁(Bellum omnium contra omnes)'이 일어날 것이라고 말했다. 홉스가 만든 이 도식에 국가를 대입하면, '국가는 국가에게 있어서 늑대이며', 그리고 '모든 국가의 국가에 대한 투쟁이 일어날 것이다'가 된다. 그리고 이것은 오늘날 국가 간 관계의 실상이기도 하다.

민주주의는 현대 정치의 이상이다. 그러나 과연 민주주의가 정치적인 이상이 될 수 있는가? '민주적'이라는 것은 좋은 정치의 기반이다. 그러나 '민주적'이라는 것은 좋은 사회를 위한 필요조건일 수는 있지만, 충분조건이 될 순 없다. 그러므로 '민주'는 궁극적인 목적이 될 수 없다. 그런데 민주주의란 '민주'를 궁극적인 목적의 자리에 놓는 것이다. 그러므로 민주주의란 용어 자체가 잘못된 것이다.

민주 정치는 주권을 행사하는 사람들이 어리석을 때 언제든지 나쁜 정치가 될 수 있다. 고대 그리스의 아테네는 직접 민주 정치를 구현한 사회였고, 계몽사상가들이 현대 정치의 골격을 구상할 때 가장 중요한 역사적인 전거가 되었었다. 그러나 아테네 민주 정치의 현장에 있었던 플라톤(Plato, B.C. 427~347)은 민주 정치에 대해 박한 평가를 내렸다. 그는 다섯 가지 정체 중 차악으로 민주정을 평가했다. 민주 정치는 만일 주권을 행사하는 민(民)이 어리석을 경우, 쉽게 중우(衆愚) 정치로 전락하기 때문이다.

플라톤은 존경하는 스승 소크라테스가 민주적인 절차에 의해 사형을 당하는 것을 지켜보면서 민주 정치의 폐해를 절감했을 것이다. 히틀러 역시 당시 세계에서 가장 민주적인 헌법이라고 평가받은 바이마르헌법 아래 민주적인 절차에 의해 선출되었다. 최근에도 민주적인 절차가 확립되어 있는 소위 선진 국가들에서 비합리적인 인물들이 대통령으로 선출되는 상황을 목격하고 있다.

이상에서 살펴본 바와 같이, 민주 정치는 목적의 영역이 될 수 없다. 민주 정치를 떠받드는 기둥의 하나인 삼권분립 역시 이상적인 정치와는 거리가 멀다. 이것들은 기껏해야 '이기적으로 무한한 욕망을 추구하는 인간'을 전제했을 때, 최악의 정치를 면할 수 있는 제도적인 장치일 뿐이다.

과거 왕정이 산업혁명에 기반해 형성된 새로운 시대와 조화를 이룰 수 없는 낡은 정치 시스템이었듯이, 현대 국가 시스템도 신기술 혁명에 기반해 형성되고 있는 새로운 시대와 조화를 이룰 수 없는 낡은 정치 시스템이며, 붕괴되어야만 하는 정치 시스템이다. 최근 인공지능의 발달과 더불어 낡은 현대 국가 시스템이 붕괴 과정에 돌입했다.

현대 정치가 어떤 시대적인 상황에서 새로운 정치로 부상하였는지를 알면, 현대 정치가 현시대적인 상황에서 왜 소멸해야 하는가를 알 수 있다. 현대 정치는 17~18세기 계몽사상가들에 의해 기획되었다. 그들은 현대 세계관의 바탕 위에서 전현대 정치를 비판하고, 새로운 현대 정치 시스템을 구상했다.

타파 대상은 전현대 정체인 왕정이었다. 왕의 자의적인 권력 행사, 왕권의 세습, 신분제도에 따른 관료의 충원, 인권과 자유에 대한 경시, 비합리적인 의사결정 절차 등이 비판 대상이 되었다. 전현대 정치에 대한 전면적인 부정이 이루어진 것이다. 그리고 그들은 새로운 정치 청사진을 제시했다. 공화정, 삼권분립, 주권재민, 인권과 자유에 대한 옹호, 민주적인 의사결정 절차, 시험을 통한 관료 충원 등이 그 주요 내용이었다. 그리고 그들이 제시한 새로운 정치에 대한 구상이 현대 정치의 골격을 이룬다.

1789년 구체제 타도를 내세우며 프랑스대혁명이 발발했다. 프랑스대혁명의 주요 목표는 전현대 정치 시스템을 붕괴시키고, 현대 정치 시스템을 수립하는 것이었다. 민주주의, 자유, 인권, 평등 등의 가치는 한없이 고양되었고, 이후 현대 정치는 인류의 가슴 속에 이상적인 정치 시스템으로 자리 잡게 되었다.

그러나 문명의 현시점은 전현대 문명으로부터 현대 문명으로의 전환기가 아니라 현대 문명으로부터 탈현대 문명으로의 전환을 이루어야만 하는 때이다. 현대 말·탈현대 초라고 하는 문명 대전환기를 살아가는 현 인류에게 현대 정치는 추구의 대상이 아니라 청산의 대상이 되어 버린 것이다.

현대 국가 시스템은 붕괴하고 있다

전현대와 현대의 문명 전환기에 전현대 정치 시스템이 붕괴되었던 것과 마찬가지로 현대와 탈현대의 문명 대전환기에 현대 정치 시스템이 붕괴되는 모습을 보이고 있다. 현대 정치 시스템의 붕괴는 여러 가지 측면에서 진행되고 있다.

첫째, 인공지능 발달에 따라 자본주의 체제가 붕괴하고 있고, 자본주의 체제 붕괴는 현대 국가의 재정 붕괴 위험을 높이고 있다. 인공지능 로봇이 인간의 일자리를 대신하면, 임금소득이 줄어들며, 이것은 임금소득에 대한 세입 감소를 초래한다.

법인세의 경우도 상황이 나쁘다. 자본이 자유롭게 국가 장벽을 넘나들고 있기 때문에, 법인세율이 높은 지역에서 낮은 지역으로 자본은 이동한다. 국가는 자본 유치를 위해 경쟁적으로 법인세를 인하할 수밖에 없다. 그 결과, 법인세수 역시 줄어들고 있다. 즉, 세입의 전반적인 감소가 추세화되고 있다.

그러나 국가의 지출은 증대하고 있다. 평균 수명이 늘어나면서, 노인들에 대한 복지 수요가 늘어나고 세출이 증가한다. 또한 일자리를 얻지 못한 청년들과 조기 퇴사를 당한 사람들에 대한 지원도 늘려야 한다. 출산율이 감소하면서, 출산을 장려하고 육아를 돕는 예산도 증액해야 한다. 일자리 창출을 위한 예산도 증액해야 한다.

세입 감소와 세출 증대는 일시적인 현상이 아니라 구조적인 추세이다. 지구상 모든 정부들에게 있어서 세입세출 불균형이 확대되고 있다. 이것은 국가 채무의 막대한 증가를 의미한다. 국가 채무가 증가할수록 국가 부도 가능성도 증가하며, 국가 재정 역시 국가 간에 거미줄처럼 연결되어 있기 때문에 가장 재정이 취약한 국가가 파산하면, 이미 충분히 재정이 불건전한 상태에 있는 국가들의 연쇄 파산 상태가 초래될 것이다.

둘째, 인공지능의 발달과의 관련에서 현대 민주 정치가 타락하고 있다. 플라톤의 평가대로 민주 정치는 주권자들이 어리석으면 곧 중우정치로 타락한다. 현대 민중들이 중우(衆愚)로 전락하는 이유는 무엇인가? 인공지능 발달에 따라, 많은 사람들이 일자리를 잃고, 중산층이 붕괴하고 있기 때문이다. 그 결과, 인류적인 차원에서 무력감이 고조하고 있다. 무력감에 빠진 사람은 '힘을 추구'하게 되며, 자신들을 무력감에서 해방시켜 줄 강한 지도자를 원하게 된다.

오늘날 정치 지도자들의 면면을 살펴보면, 이들 중 도덕적인 인물이나 인류의 미래를 진지하게 고민하는 사람은 찾아보기 힘들다. 무력감에 사로잡힌 유권자들은 도덕적인 인물이나 인류의 미래를 진지하게 고민하는 사람에게 표를 던지지 않기 때문이다. 이들은 배타적으로 자국의 이익만을 맹렬하게 추구한다.

지금 지구촌은 나날이 밀접해지고, 환경문제나 지역 간 분쟁과 같이 인류적인 차원에서 해결해 나가야 할 막중한 정치적인 과제가 있다. 과연 자국의 이익만을 맹목적으로 추구하는 현대 정치가 이런 시대의 책무를 감당할 수 있겠는가? 물론 없다. 시대의 요청에 부응하지 못하는 어떤 사회 시스템도 지속할 수 없다. 결국, 국경을 경계선으로 삼고, 배타적으로 자국의 이익만을 추구하는 현대 정치는 막을 내리게 될 것이다.

셋째, 인공지능 발달에 따라, 국가 간 그리고 국내적으로 불평등 심화, 즉 양극화가 심각해지고 있다. 국내적이건 국가 간이건 양극화의 원인은 동일하다. 자동화의 결과로 노동에 대한 분배가 줄어들기 때문이다. 그러므로 자본가 계급과 노동자 계급의 소득 격차는 확대될 수밖에 없다. 국가 간에도 자본가 국가와 노동자 국가가 존재한다. 강대국은 자본력과 기술력을 보유하고 있다. 반면에 약소국은 노동력밖에 갖고 있는 것이 없다. 이에 따라서 국가 간에 부익부 빈익빈 현상이 가속화될 수밖에 없다. 예전에는 열심히 노력하면 가난한 사람에게도 부자가 될 기회가 있었고, 약소국에게도 강대국이 될 수 있는 기회가 있었다. 그러나 앞으로는 그런 기회가 거의 사라지게 될 것이다.

국가라고 하는 인위적인 장벽만 없다면, 힘들여 노동하지 않고도 전 인류가 풍요로운 삶을 누릴 수 있는 기술적인 기반을 우리는 이미 갖고 있고, 기술력은 더욱 발전할 것이다. 그러나 국가라고 하는 낡은 시대의 유물로 인해, 기술이 발전할수록 인류는 빈곤해지는 아이러니한 상황에 봉착해 있다. 인류의 빈곤화를 가속화시키는 원인은 기술 발달이 아니다. 그것은 새로운 시대와 조화를 이룰 수 없는 현대 국가라고 하는 낡은 장벽이다. 인류의 빈곤화와 국가 간 갈등이 증폭될수록, 새로운 시대와 조화를 이룰 수 없는 낡은 현대 정치 시스템에 대한 비판이 고조될 것이고, 마침내 현대 정치 시스템은 해체될 것이다.

3) 인공지능의 발달과 현대 교육 시스템의 붕괴

산업혁명은 조선 사회의 유교교육이나 서구 중세의 종교교육과 같은 전현대 교육 시스템을 붕괴시켰다. 인공지능 발달을 그 중심에 두는 신기술 혁명은 현대 교육 시스템을 붕괴시키고 있다. 산업혁명이 전현대 교육 시스템을 붕괴시킨 이유는 무엇일까? 전현대 교육은 새로운 산업사회가 필요로 하는 인재를 배출할 수 없었기 때문이다. 신기술 혁명이 현대 교육 시스템을 붕괴시키는 이유는 무엇일까? 현대 교육은 새로운 시대가 필요로 하는 인재를 배출할 수 없기 때문이다.

현대 교육 시스템은 붕괴해야 한다

산업혁명이 일어나면, 전현대 종교교육을 받은 사람은 새로운 산업 사회를 건설하는 데 아무런 쓸모가 없다. 마찬가지로 신기술 혁명이 일어나면, 현대 교육을 받은 사람은 새로운 탈현대 사회를 건설하는 데 아무런 쓸모가 없다.

현대 교육은 현대 세계관의 바탕 위에 설계된 교육이다. 현대가 시작되던 무렵, 낡은 전현대 교육의 폐허 위에 현대 교육은 새 시대가 요구하는 인재를 양성했다. 그래서 현대 교육은 현대 사회의 일부임과 동시에 현대 사회 형성과 발전의 원동력이기도 했다. 그러나 문명 대전환기인 현시점에 이르러 현대 교육은 시대에 뒤떨어진 낡은 교육으로 전락했고, 새로운 시대의 도래를 가로막는 걸림돌이 되었다.

교육이란 무엇일까? 교육이란 '인간다운 인간'을 양성하는 것이다. 그런데 인간관에 따라 '인간다운 인간'의 의미는 달라진다. 탈현대 인간관의 관점에서 보면, 인간다운 인간이란 어떤 사람일까? 그것은 '참나'를 자각해서 '사랑의 존재'가 된 사람이다. 현대 교육은 '사랑의 존재'를 양성할 수 있는가? 없다. 탈현대적인 관점에서 보면, 현대 교육은 전면적으로 소외된 교육인 것이다.

현대 인간관의 핵심은 '자신을 둘러싸고 있는 세계로부터 분리된 개체[개별 에고]로서의 인간'이다. 그러므로 현대 인간관의 관점에서 볼 때, 인간다운 인간은 '개별 에고로서의 나'가 더 크고 높은 곳에 도달한 인간을 의미하게 된다. 현대 교육은 바로 이런 의미에서 더 크고 높은 곳에 도달한 인간 또는 도달할 수 있는 인간 양성을 목표로 한다.

현대 인간관의 가장 강력한 두 가지 양상은 '이성적인 존재로서의 인간'과 '욕망을 추구하는 존재로서의 인간'이다. 그러므로 현대 교육은 '이성 계발'과 '욕망 충족 능력 배양'을 목표로 하며, 이 둘은 빈번하게 연계된다. '이성 계발' 교육의 대표적인 분야는 역사교육이나 사회교육과 같은 지식교육, 수학교육이나 철학교육과 같은 사고력 배양 교육, 토론과 발표 능력 배양 교육 등이다. '욕망 충족 능력' 교육의 대표적인 분야는 직업교육이다. 초등교육에서 고등교육까지는 전자에 주력하고, 대학교육에서는 주로 후자에 주력한다.

그렇다면 어떤 피교육자가 이런 능력을 성공적으로 배양해서 실제로 매우 이성적인 사람이 되고, 욕망 충족적인 삶을 살아가는 사람이 되었다고 가정해 보자. 과연 그 사람은 인간다운가? 만일 그 사람을 인간답다고 한다면, 그것은 인간을 너무 폄하하는 것이다.

만일 그가 수학의 천재여서 어려운 수학 문제를 잘 풀 수 있고, 뛰어난 수학자가 되었다고 한다면 그는 인간다운가? 만일 그렇다고 생각한다면, 그보다 훨씬 어려운 수학 문제를 훨씬 더 빨리 풀 수 있는 슈퍼컴퓨터, 그리고 슈퍼컴퓨터보다 훨씬 뛰어난 연산능력을 갖고 있을 미래의 인공지능은 그보다 훨씬 인간답다고 평가해야만 할 것이다.

만일 그가 탁월한 역사 지식을 갖고 있다면, 법률 지식을 갖고 있다면, 그는 인간다운가? 만일 그렇다고 생각한다면, 그보다 엄청 풍부한 역사와 법률 지식을 갖고 있을 미래의 인공지능은 그보다 훨씬 인간답다고 평가해야만 할 것이다.

만일 그가 세계에서 가장 우수한 의과대학을 졸업하고 뛰어난 시술능력을 갖고 있는 외과 의사라고 한다면, 그는 인간다운가? 만일 그렇다고 생각한다면, 그보다 훨씬 많은 의학적인 지식과 뛰어난 시술능력을 갖고 있을 미래의 인공지능은 그보다 훨씬 인간답다고 평가해야만 할 것이다.

이렇듯 현대 교육이 배양하고자 하는 '이성적인 인간' 또는 '욕망을 충족시킬 수 있는 능력을 갖고 있는 인간'은 진정한 인간다움의 기준에 턱없이 못 미친다. 개별 에고란 인간의 존재 차원의 하나이긴 하지만, 인간의 최상위 존재 차원은 아니기 때문이다. 인간의 최하위 존재 차원은 '동물로서의 인간'이다. 동물적인 차원에서 보면, 근육이 강하고, 소화를 잘 시키며, 배설이나 성행위도 잘할 수 있는 육체적으로 건강한 사람이 더 우수한 존재이다. 그러나 우리는 이런 사람을 더 인간다운 인간이라고 말하지 않는다. 마찬가지로 개별 에고의 차원에서 더 뛰어난 능력을 갖고 있는 사람을 우리는 인간다운 인간이라고 말해서는 안 된다.

근육이 강하지만 마음이 따뜻하지 않은 사람이 있을 수 있는 것과 마찬가지로, 이성적인 사람이지만 배려심이 약한 사람이 얼마든지 있을 수 있다. 실제로 현대 교육의 결과로 현대 사회에는 영악한 사람들로 넘쳐난다. 그들은 재빨리 이해득실을 계산하고, 최상의 선택지를 판단할 수 있다. 그래서 세상은 더 아름다운 곳이 되었는가?

이성이 나쁜 것이 아니다. 욕망도 나쁜 것이 아니다. 잘못된 것은 이성이나 욕망을 궁극적인 목적의 자리에 위치시키는 것이다. 현대화란 '이성적인 사회' 그리고 '욕망 충족적인 사회'에 도달하는 것을 궁극적인 목적으로 한다. 이성과 욕망이 궁극적인 목적의 자리에 위치하고 있는 것이다. 그러나 이성적인 인간이나 욕망 충족적인 인간이 결코 인간다운 인간과 등식화될 수 없듯이, 이성적인 사회와 욕망 충족적인 사회가 좋은 사회와 등식화될 수 없다.

현대 사회는 수단적인 것이 목적의 자리를 차지하고 있는 전도된 사회이다. 탈현대 사회는 현대 사회보다 더 이성적이고 욕망 충족적인 사회일 것이다. 그러나 이것은 좋은 사회의 전제일 뿐 결코 좋은 사회의 의미가 아니다. 현대 교육이 목표로 삼고 있는 이성적인 인간, 욕망 충족 능력을 갖고 있는 인간은 결코 인간다운 인간과 등식화될 수 없다. 현대 교육은 수단적인 것이 목적의 자리를 차지하고 있는 전도

된 교육인 것이다. 현대 교육은 본질적으로 소외된 교육이며, 사랑의 능력을 배양하는 것을 목표로 하는 탈현대 교육으로 나아가야 한다.

현대 교육 시스템은 붕괴하고 있다

현대 교육은 어떤 시대적인 상황에서 새로운 교육으로 부상했는가? 사회의 기술적 하부구조가 농업기술에서 산업기술로 바뀐 것이 교육 변화의 근본 요인이 되었다. 새롭게 출현한 산업사회는 교육받은 대규모의 노동자를 필요로 했다. 산업사회가 창출한 대규모 잉여는 현대 교육의 중요한 특징인 대중 교육을 가능케 했다. 또한 현대 세계관의 확산은 교육 영역에서 집단에 헌신하는 인간을 양성하는 것으로부터 개체로서의 자기실현을 돕는 교육으로의 전환을 이루게 했다. 즉, 현대 교육은 현대의 기술적 하부구조와 현대 세계관의 결합 속에 출현했고, 현대 사회 발전에 기여했다.

그러나 과거 산업혁명이 교육 시스템을 포함해서 모든 전현대 사회 시스템의 붕괴를 초래했듯이, 현재 일어나고 있는 인공지능을 중심으로 하는 신기술 혁명은 모든 현대 사회 시스템을 붕괴시키고 있다. 교육 시스템 역시 예외가 아니다. 현대 교육이 양성하는 인간과 새 시대가 요구하는 인간 간의 격렬한 충돌이 일어나고 있고, 그 결과, 현대 교육 시스템은 붕괴되고 있고, 마침내 완전히 붕괴할 것이다.

신기술 혁명의 영향으로 일자리는 급속히 줄어들고 있는데, 현대 교육은 더욱 일꾼을 양성하는 데 매진하고 있다. 오늘날 대학에서 취업과 직접 연계되지 않는 철학, 물리학, 사회학, 화학 등과 같은 기초학문들은 설 자리를 잃고 폐과의 길을 걸어가고 있다. 대학은 진리를 추구하는 상아탑이 아니라 점점 더 취업훈련소와 같은 곳으로 변모하고 있다. 이 얼마나 아이러니한 현상인가? 현대 교육은 무너지는 시대의 뒤꽁무니를 쫓아가고 있는 것이다. 신기술 혁명이 더욱 진행되면 인류는 전혀 일하지 않아도 되는 새 시대를 맞게 될 것이다. 일자리가 존재하지 않는 사회에서 취업훈련소로 변모한 대학이 존립할 수 있겠는가? 모든 시대의 흐름에 역행하는 사회 시스템은 붕괴될 수밖에 없듯이, 현대 교육도 붕괴될 것이다.

직업교육과 더불어 현대 교육의 또 다른 축은 지식교육이다. 조선 사회에서 문자를 안다는 것은 커다란 가치를 갖고 있었다. 그러나 지식이 갖는 가치는 기술 발달에 따라 감소해 왔다. 인쇄술의 발달, 컴퓨터의 발달, 인터넷의 발달 등에 따라서 지식의 가치는 현저히 줄어들었다. 지금 네이버나 유튜브 같은 곳에 가면 우리가 원하는 정보를 무료로 이용할 수 있다. 지식의 가치는 이미 영(Zero)에 수렴하고 있으며, 인공지능의 발달은 지식의 가치를 완전히 영으로 만들 것이다. 그런데 지금도 학교에서는 온갖 지식을 가르친다. 학생들은 지루해하며 선생님의 설명을 듣지 않는다. 교실 붕괴가 일어나고 있는 것이다. 누가 힘들게 학교에 와서 아무런 가치도 없는 지식을 배우려고 하겠는가? 현대 교육은 이미 붕괴되고 있고, 마침내 완전히 사라질 것이다.

2. 새로운 인공지능과 낡은 현대 세계관이 충돌하다

인공지능 발달은 모든 현대 사회 시스템들을 붕괴시키고 있다. 그러나 현 인류는 여전히 낡은 현대 세계관에 얽매여 있다. 낡은 현대 세

계관의 관점에서 보면, 현대 사회 시스템의 붕괴는 '세상이 망하는 것'
이다. 그래서 현 인류는 무너지고 있는 현대 사회 시스템을 복구하고
자 하는 불가능하고 파괴적인 노력을 기울이고 있다.

새 시대의 하드웨어로서의 인공지능과 낡은 시대의 소프트웨어로
서의 현대 세계관이 격렬하게 충돌하고 있는 것이다. 문명 대충돌이
격화된다면, 그 결과는 무엇일까? 그것은 문명 대파국과 인류 멸종이
다. 지구촌을 위험으로 몰아가는, 새 시대와는 도저히 조화를 이룰
수 없는 낡은 현대 세계관과 새로운 인공지능 간의 문명 충돌의 대표
적인 양상을 서술하면 다음과 같다.

1) 새로운 인공지능과 낡은 휴머니즘의 충돌

새로운 기술인 인공지능의 발달과 낡은 신조인 휴머니즘이 충돌하
고 있다. 휴머니즘의 핵심은 '인간이 제일 똑똑해!'라는 생각인데, 인
공지능은 이미 특정 영역에서 인간을 넘어섰으며, 앞으로 인간과는
비교할 수조차 없이 똑똑한 인공지능이 출현할 것이 확실하다. 알파
고와 이세돌이 대결했을 때 왜 인류가 이세돌의 승리를 빌었으며, 이
세돌이 패배했을 때 왜 침울해했을까? 인류는 '인간이 가장 똑똑해야
한다'는 신조를 갖고 있기 때문이다.

인공지능의 발달에 따라 휴머니즘은 더 이상 성립할 수 없는 낡은
신조가 되어 버렸음에도 불구하고, 현 인류는 낡은 휴머니즘을 신주
단지처럼 꼭 붙잡고 있다. 그 결과, 휴머니즘은 인류가 나아가야 할
새로운 세계, 자연, 인간, 인공지능이 조화롭게 공존하는 탈현대 사회

로 도약하는 것을 불가능하게 만드는 중요한 걸림돌이 되어 버렸다.

휴머니즘이란 용어는 '인간이 최고야!'라고 하는 인간 우월주의 극명한 표현이다. 현대 사회에서 사람들은 '인간이 최고야!'라고 하는 오만한 생각에 사로잡혀 있다. 그런데, 인공지능 로봇이 인간보다 생각을 더 잘하니까 두려움을 느끼는 것이다. '인간이 최고야!'라고 하는 휴머니즘이란 얼마나 터무니없는 생각인가! 그리고 얼마나 오만한 생각인가!

현대 이전의 동서양 사회 모두에서, 인류는 이런 오만한 생각에 사로잡혀 있지 않았다. 오히려 인류는 대자연 앞에서 겸손했고, 경건한 마음을 갖고 있었다. 장자(莊子)는 「제물론(齊物論)」에서 미물을 포함해서 이 세상 모든 존재는 대우주의 도를 품고 있으며, 그러므로 절대적으로 평등함을 주창했다.

그런데 어쩌다가 현대인은 이런 오만한 생각을 갖게 되었을까? 그것은 르네상스기에 이르러 서구 중세의 신본주의에 대한 반발로 인본주의가 태동했기 때문이다. 중세사회에서는 인간과 우주만물의 창조자로서 그리고 주재자로서 신과 신적인 것이 찬양되었으며, 인간과 인간적인 것이 비하되었다.

중세사회에서 신은 인간의 창조자이고, 인간은 신의 피조물에 불과한 존재였다. 피조물인 인간은 창조자인 신과 대비하면 지극히 초라한 존재였다. 그래서 중세사회에서는 인간적인 것에 대한 폄하와 억압이 광범위하게 이루어졌다.

인간의 육체는 부끄러운 것이어서 의복으로 감추어야 했다. 중세사회에는 나신의 아름다움을 표현한 그림이나 조각이 없다. 육체를 단련하는 스포츠는 발달하지 않았다. 성욕이나 금전욕과 같은 인간 욕망은 더러운 것이어서 정화시켜야만 하는 것이었다. 감정은 변덕스러운 것이어서 믿을 수 없는 것이었다. 그래서 중세사회에서는 감정의 아름다움을 표현하는 시와 음악이 발달하지 않았다. 이성은 간사하고 야비한 생각을 불러일으키는 것이었다. 그래서 중세사회에서는 이성이 언제나 신앙심에 종속되는 것이어야만 했으며, 과학과 철학이 발달하지 않았다.

중세 말에 이르러, 중세의 시대정신은 활력을 잃어버렸다. 그리고 중세사회에서 인간적인 것을 광범위하게 억압하는 데 대한 반발이 일어났다. 15~16세기경 이탈리아를 출발점으로 인간적인 것을 복권시키고자 하는 운동이 일어났다. 우린 그 시대를 르네상스기라고 부른다. 고대 그리스와 로마 사상과 문화를 빌려 인간적인 것들을 고양했는데, 이는 커다란 성공을 거두었다. 그래서 우린 이 시기 사상을 르네상스 휴머니즘, 이 운동을 전개한 사람들을 르네상스 휴머니스트라고 부른다.

르네상스 휴머니스트들은 인간의 육체는 세상에서 가장 아름다운 것이라고 생각했으며, 이를 그림과 조각으로 표현했다. 인간의 감정은 순수하고 아름다운 것이라고 찬양했으며, 이를 시와 음악으로 표현했다. 인간의 이성은 우리가 믿고 따라야 할 것이라고 생각했으며, 과학과 기술 그리고 철학을 찬양했다.

휴머니즘이 현대 문명 건설과 발전에 중대한 역할을 했다는 사실에는 의심의 여지가 없다. 그러나 휴머니즘은 탈현대 문명을 열어 가야 할 문명의 현시점에서 보면 중요한 걸림돌이다. 휴머니즘은 출발점에서부터 파탄의 씨앗을 품고 있었다. 현대 인간 중심주의는 신 중심주의에 대한 반발로 태어난 것이었다. 그 결과로 인간 중심주의는 인간이 갖고 있는 가장 높은 부분[신적인 아름다움을 갖고 있는 '참나']을 인간에 대한 규정에서 탈락시키게 된다. 이것이 오늘날 인류가 직면해 있는 현대 문명 위기의 뿌리인 것이다.

근본적으로 보면, 휴머니즘이란 용어 자체가 '오만의 극치'이다. 인간은 휴머니즘을 바탕으로 무자비하게 자연을 이용·착취하고, 자연 위에 군림하고자 했다. 인간의 자연에 대한 횡포는 지구 생태계의 혼란과 붕괴를 초래했으며, 이것은 역으로 인류 문명의 지속을 위협하는 가장 중대한 요인이 되어 버렸다.

'인간이 최고야!'라고 생각하는 오만한 인류 앞에 알파고가 등장했다. 현대인이 생각하는 '인간이 최고'인 중요한 근거가 '인간은 모든 존재들 중에서 가장 잘 생각할 수 있다'는 것인데, 알파고는 인간보다 생각을 더 잘한다. 그러므로 알파고와 알파고 이후 등장할 더 똑똑한 인공지능 앞에서 인간은 인공지능보다 열등한 존재, 덜 인간적인 존재로 전락하게 된다.

그러나 알파고가 등장한 이후 인류가 겪고 있는 공황상태의 근본 이유는 알파고가 인간보다 더 똑똑하다는 사실에 연유하는 것이 아니다. 두려움의 진정한 이유는 '인간이 가장 똑똑해야 한다는 생각'이다. 그리고 '똑똑함이야말로 인간다움의 표식이라는 생각'이다. 이 두 가지 생각은 모두 터무니없는 것이다.

첫 번째 생각부터 검토해 보자. '인간이 왜 가장 똑똑해야 하는가?' 이것은 르네상스기에 형성된 '인간이 지구에서 가장 우월한 존재라는 생각', 즉 휴머니즘의 결과이다. 이것은 현대 인간의 오만함을 잘 드러내는 견해이다. 그리고 자신의 우월함을 열등한 존재에 대한 지배와 착취를 정당화하는 조건으로 받아들임으로써, 이로 인해 자연에 대한 대규모 파괴를 초래한 견해이기도 하다.

지적인 측면에서 보면, 알파고가 출현하기 이전까지 '인간이 지구에서 가장 우월한 존재라는 생각'은 사실이었다. 그러나 우월함이 열등한 존재를 돌보아 주고 사랑하는 조건이 아니라 약자에 대한 지배와 착취를 정당화하는 조건이 된다면, 문제는 심각하다. 만일 이런 조건을 받아들였을 경우, 인간보다 지적으로 우월한 인공지능의 열등한 인간에 대한 지배와 착취를 정당화하게 된다. 그러니까 오늘날 인류는 심각한 두려움에 빠져 있는 것이다.

그러나 현 인류가 느끼고 있는 위기의식은 그야말로 하나의 환상에 불과한 것이다. '우월한 존재의 열등한 존재에 대한 지배와 착취가 정당화된다는 생각'은 현대라는 특수한 시대에 팽배해 있는 하나의 생각에 불과한 것이다. 또 이것은 지속될 수 없고, 지속되어서도 안 되는 고약한 생각에 불과한 것이다. 현 인류가 벗어나야만 하는 것은 인간보다 똑똑한 인공지능 로봇의 출현이 아니라, '더 똑똑한 존재가 덜 똑똑한 존재를 지배하고 착취하는 것이 정당하다'고 하는 이상한 생각이다.

'지구에서 인간이 가장 똑똑하다'는 생각은 더 이상 사실이 아니며, '지구에서 인간이 가장 똑똑해야 한다'는 생각은 더 이상 지탱될 수 없다. '우월한 존재의 열등한 존재에 대한 지배와 착취가 정당화된다는 생각' 역시 우리가 깨트려야 하는 환상이다. 이 생각에서 벗어났을 때, 인류는 인간보다 더 똑똑한 인공지능 로봇과 친구가 되어 서로 도움을 주고받으며, 멋진 미래로 전진할 수 있다.

두 번째 검토 대상은 '똑똑함이 인간다움의 표식이라는 생각'이다. 이 생각에 따르자면, 똑똑한 사람일수록 더 인간다운 인간이라는 생각에 도달하게 된다. 그러나 과연 똑똑함이 인간다움의 여부를 판정하는 표식이 될 수 있는가? 답부터 말하자면, '똑똑함은 인간다움을 판정하는 표식이 될 수 없다.' 현대 사회에는 똑똑한 사람들이 넘쳐난다. 그러나 과연 그들 모두가 '인간다움을 실현한 인간'인가? 필자는 '그렇지 않다'고 생각한다.

똑똑함이 인간이 갖고 있는 하나의 속성이라는 것은 분명하다. 그러나 똑똑한 정도가 인간다움의 여부를 판정하는 잣대가 될 수 없다. 왜냐하면 똑똑함이란 인간 존재의 가장 높은 부분이 아니기 때문이다. 그렇다면 인간 존재의 가장 높은 부분은 무엇인가? '참나'라고 일컬어지는, 내 안에 살고 있는 '아기 부처님', '아기 예수님'이 바로 인간 존재의 가장 높은 부분이다.

'참나'가 무엇인가 하는 것은 '참나'의 활동을 통해 알 수 있다. 자각된 '참나'가 활동하게 되면, 사랑, 용서, 겸손, 관용, 아름다운 미소, 배려, 도움을 베풂, 감사, 깊은 이해, 평화로움 등이 나타난다. '참나'는 인간 존재의 가장 높은 차원이며, 그러므로 인간다운 인간은 '참나'를 자각한 정도에 따라 판정될 수 있다.

이런 의미에서 보면, 인간다운 인간이란 사랑스럽지 않은 것을 사랑할 수 있는 사람, 상대편의 허물을 너그럽게 용서할 수 있는 사람, 마음이 낮아진 사람, 아름답게 미소 지을 수 있는 사람, 상대편을 배려할 수 있는 사람, 상대편이 필요로 하는 도움을 베풀 수 있는 사람, 매사에 감사할 수 있는 사람, 깊은 이해에 도달한 사람, 늘 마음이 화평한 사람, 일상 속에 담겨 있는 특별함을 자각할 수 있는 사람이다.

바로 이런 의미에서, 우리는 똑똑함을 인간다움을 판정하는 잣대로 받아들이지 않는다. 그러므로 인공지능이 인간보다 똑똑하다고 해서, 인공지능이 더 인간다운 것도 아니며, 인간이 비인간화되는 것도 아니다. 우린 똑똑한 인공지능 로봇을 우리의 친구로, 선생님으로 반갑게 맞아들일 수 있게 된다.

르네상스 휴머니즘은 신의 인간에 대한 억압으로부터 인류를 해방시키는 해방의 메시지였다. 휴머니즘은 인류가 전현대 사회의 질곡으로부터 벗어나 현대 사회를 형성하고 발전시키는 데 커다란 기여를 했다. 그러나 휴머니즘의 역할은 여기까지이다. 오늘날 휴머니즘은 인류가 새로운 미래로 전진하는 것을 가로막는 걸림돌이 되고 있다.

우리가 건설해야 할 새로운 세상은 인간 중심적인 세계가 아니다. 새로운 세상은 어떤 존재도 배타적으로 중심이 아니면서, 모든 존재가 중심이 되는 탈중심적인 세계이다. 지구상의 모든 중심과 주변의 구조가 해체된 사회이다. 모든 존재가 존중받는 장엄한 세계이다. 우리는 '인간만이 최고'라고 하는 휴머니즘이란 낡은 신조를 끌어안고 새로운 세상으로 나아갈 수 없다. 어떻게 할 것인가? 낡은 휴머니즘을 폐기해야 한다. 그리고 자연, 인간, 인공지능이 조화롭게 공존하는 새로운 세상으로 나아가야 한다.

2) 새로운 인공지능과 낡은 현대 노동관의 충돌

인공지능이 발달할수록, 인공지능 로봇에 의한 인간 노동의 대체는 확산될 것이다. 이것은 움직일 수 없는 사실이다. 다만 엇갈린 해석의 문제만이 남아 있다. 탈현대 세계관의 관점에서 보면, 이것은 마침내 인류가 노동의 고역으로부터 해방되는 것을 의미한다. 그러나 현대 노동관의 관점에서 보면, 이것은 인공지능 로봇에게 인간이 소중한 일자리를 빼앗기는 것이다.

전자의 관점을 채택한다면, 노동에서 해방된 인류는 탈현대 사회라는 멋진 사회 건설에 나서게 될 것이다. 후자의 관점을 채택한다면, 인류는 비탄에 빠져 일자리를 회복하기 위해 발버둥을 치면서 고통 속에서 문명의 종말을 재촉할 것이다.

과연 현 인류는 어떤 선택을 하고 있는가? 상식적으로 보면, 당연히 전자의 선택을 하고 있으리라고 생각하겠지만, 실제 인류의 선택은 후자이다. 인류는 왜 이런 비상식적인 선택을 하고 비탄과 울분 속에서 살아가는가? 그 이유는 단 한 가지, 낡은 현대 노동관이 여전히 인류의 의식을 지배하고 있기 때문이다.

인류가 새로운 미래로 나아가는 것을 가로막고 있는 현대 노동관이란 무엇인가? 현대 노동관은 노동에 적극적이고 궁극적인 가치를 부여하는 현대기에 출현한 노동에 대한 특이한 관점이다. 인류 전체 역사를 통해 보면, 사람들이 생산 노동에 높은 가치를 부여한 것은 서구 근대기에 생겨난 새로운 현상이다.

16세기에 이르러서야, 서구 사회 일부 지역에서 '일하고 싶다'는 특이한 욕구가 생성되었다. 그 이전까지는 동서양을 막론하고 노동에 대한 강렬한 욕구가 존재하지 않았다(E. Fromm, 1998: 31). 생산 노동이란 어쩔 수 없이 감내해야만 하는 불명예스러운 고역일 뿐이었다. 따라서 노예나 농노같이 신분이 낮은 사람들만이 생산 노동에 참여했으며, 생산 노동으로부터의 면제는 소수 귀족들만이 누릴 수 있는 특권이었다.

『성경』을 보면, 노동이란 금단의 열매를 따 먹지 말라는 하느님의 명령을 어긴 데 대한 징벌로 출현했다. 고대 그리스 신화에서도 불을 훔쳐 간 프로메테우스에 대한 제우스의 보복으로 인간은 농사를 짓고 노동해야만 곡물을 얻을 수 있게 되었다고 말한다(淸水正德, 1983: 27). 이런 처벌로서의 노동 기원설들은 그 당시 사람들이 노동을 얼마나 고통스럽게 여겼으며, 노동이 없는 삶에 대한 동경이 얼마나 컸던가를 잘 보여 준다.

공자를 필두로 유가(儒家) 사상가들이 생산 노동을 바라보는 시선도 곱지 않았다. 동아시아 사회에서 생산을 위한 노동 활동은 천시되었다. 19세기 말 서구의 충격이 있기 전까지만 하더라도, 노동으로부터 자유로운 선비 집단을 신분 구조의 상위에 올려놓았다. 선비들은 생존을 위해 노동하는 것을 지극히 천하고 불명예스러운 활동으로 간주했다.

서구 중세사회에서도 가장 가치 있는 활동은 신을 명상하고 기도드리는 것과 같은 내향적인 성찰 활동이었다. 그러나 루터나 칼뱅 등이 주도한 종교 개혁 운동이 발발하면서, 세속적인 생산 활동에 커다란 가치가 부여되기 시작했다. 이들은 세속적인 노동 활동에 종교적인 의미를 부여했다. 즉, 인간은 세속적인 노동 활동을 통해 지상에 신의 영광을 실현한다는 것이다.

루터는 수도원에서 기도만 하며 무위도식하던 수도사들을 통렬하게 비판했다. 수도원 생활은 아주 무가치하며 세속적인 의무에서 도피하는 이기주의의 산물이라고 했다. 그는 세속적인 노동과 직업 활동이야말로 이웃 사랑의 표현이자 신의 뜻에 부합하는 가장 숭고한 인간 활동이라고 주장했다. 모든 현세적 직업은 신이 부여한 성스러운 소명이다. 그러므로 모든 직업은 신 앞에서 완전히 평등하다고 그는 말했다(신준식, 1994: 120-123).

루터의 노동관은 칼뱅의 교리를 통해서 더욱 견고해졌다. 칼뱅은 구원예정설을 통해 자신의 직업 활동에 전념하는 것이야말로 신의 영광을 지상에 빛나게 하는 성스러운 활동이며, 그 결과로 얻어진 직업적인 성공을 구원의 증거로 간주할 수 있다고 했다(신준식, 1994: 127). 이런 교리의 영향을 받아, 생산 활동을 기피하는 명상적인 삶은 윤리적인 비난을 받게 되었다. 반면에, 경제 활동과 같은 현세적인 삶이야말로 신의 영광을 지상에 실현시켜 나가는 가장 고귀한 활동으로 커다란 의미를 부여받게 되었다(백승대, 1990: 208-209).

노동에 부여하는 긍정적인 의미는 헤겔과 마르크스에 이르러서 '노동을 통해서 자신의 본성을 실현한다'는 명제에까지 이르게 되었다. 헤겔은 철학적인 차원에서 '인간이 자신의 인간적인 본질을 실현시켜 나가는 궁극적인 활동으로서의 노동'이라고 하는 현대 노동관을 주창했다. 노동에 궁극적인 가치를 부여한 것이다. 헤겔에 있어서 노동이란 "주체가 자기 자신을 가능성의 밤으로부터 현존의 낮으로 옮겨 놓는 것과 같으며, 전개되지 않은 존재 형식을 전개된 존재 형식으로 이전시키는 것이다"(Popitz, 1983: 107). 헤겔은 『정신현상학』「주인과 노예의 변증법」에서 생산 활동으로서의 노동에 철학적인 의미를 부여했다. 헤겔은 노동을 통해 인간은 노동의 대상 속에 자신을 대상화하며, 대상화 과정을 통해 진정한 자기 발전을 이루게 된다고 주장했다.

헤겔의 노동관을 이어받은 마르크스는 참된 노동을 통해서 인간은 자신의 인간적 본질을 실현하게 된다고 하여, 노동에 궁극적인 가치를 부여했다. 마르크스는 노동이란 단순히 생계유지를 위한 수단적인 활동에 그치는 것이 아니라 인간의 보편적인 본성을 발전시키는 실존적인 활동이라고 보았다. 마르크스의 노동관은 다음과 같은 그의 말에 잘 표현되어 있다. "노동은 인간적 자유의 현실적 표현이며, 인간은 노동 가운데서 자유롭고, 노동의 대상 가운데서 자유로운 그 자신을 현실화하게 된다"(정문길, 1978: 69).

마르크스의 관점에서 보면, 참된 노동 활동은 자신의 개성을 표현하고 구현하는 생명 활동이다. 노동자는 자신의 생산물을 관조하면서 즐거움과 힘의 느낌을 가지게 된다. 또한 타인이 그것을 향유함으로써, 자신을 인정하고 사랑하게 된다. 노동은 고립된 활동이 아니라 사회적인 맥락 속에서 이루어지는 활동이다. 그러므로 노동을 통해서 나를 실현함과 동시에 너를 실현하는 유적(類的) 존재가 될 수 있다.

생산 활동에 궁극적인 가치를 부여한 이들의 노동관은 오늘날에 이르러서 많은 사람들에게 움직일 수 없는 가치로 자리 잡았다. 현대 노동관의 영향을 받아서, 오늘날 많은 사람들은 자신의 직업과 자신의 존재 가치를 거의 동일한 것으로 인식하게 되었다.

현대 노동관은 인간의 상정에 맞지 않는다. 실제로 현대라는 짧은 기간을 제외하면, 인류의 노동에 대한 태도는 부정적인 것이었다. 동서양을 막론하고 황금시대의 전설에 자주 등장하는 것은 '일하지 않고도 배불리 먹을 수 있는 사회'였다. 그러나 잉여생산량이 얼마 되지 않던 전현대 사회에서는 오직 소수의 지배계급만이 '노동의 고역으로부터 해방'된 삶을 살 수 있었다.

그런데 현대 노동관이라고 하는 인간의 상정과 맞지 않는 이런 노동관이 어떻게 해서 그렇게 강력한 영향을 미칠 수 있었을까? 그것은 현대 문명이 인간의 노동에 의해 건설될 수 있는 문명이었기 때문이다. 즉 현대 문명 건설이라는 시대적인 요청과 현대 노동관 사이에 친화성이 높았기 때문이다.

H. 마르쿠제(Herbert Marcuse)는『에로스와 문명』(2004)에서 현대는 문명 건설에 필요한 에너지를 얻기 위해 쾌락 추구를 억압한다고 분석했다. 그리고 현대 노동관은 이런 목적을 달성하는 데 크게 기여했다. 실제로 M. 베버(Max Weber, 1864~1920)가『프로테스탄트 윤리와 자본주의 정신』(2018)에서 잘 분석하고 있듯이, 직업에 대한 소명의식이 강한 개신교 사회가 가톨릭 사회보다 산업화에 더 빠른 성공을 거두었다. 정리하면, 현대 노동관은 현대 문명 건설에 크게 기여한 노동 가치관이었던 것이다. 그러나 현대 노동관의 기여는 현대에 국한된다는 점을 분명히 기억해야 한다.

지금 지구촌에는 신기술 혁명이 발발하고 있다. 신기술 혁명의 중심에는 인공지능의 급속한 발달이 자리 잡고 있다. 인공지능이 기계와 결합하면 인공지능 로봇이 되고, 인공지능 로봇은 인간 노동의 두 가지 요소인 '노동을 구상하는 지력(知力)'과 '실행하는 근력(筋力)'을 모두 갖고 있는데, 이 두 부분에서 모두 인공지능 로봇은 인간 노동력보다 우위에 있으며, 앞으로 인간 노동력을 압도하게 될 것이다. 이에 따라서 인공지능 로봇이 인간 노동을 대체하는 일이 지구상에 광범위하게 전개되고 있으며, 이것은 인간의 생산 노동이 소멸되는 순간까지 지속될 것이다.

신기술 혁명은 과거 농업혁명이나 산업혁명과 마찬가지로 인류 문명을 획기적으로 발전시킬 잠재력을 갖고 있는 기술 혁명이다. 또한 이것은 불가역적인 역사 운동이기도 하다. 그러나 한편으론 새로운 신기술 혁명이 일어나고 있지만, 다른 한편으론 낡은 현대 노동관이 여전히 인류의 마음을 지배하고 있다.

그 결과, 새로운 인공지능과 낡은 현대 노동관 간에 격렬한 문명 충돌이 일어나고 있다. 우리는 '현대 노동관'과 '신기술 혁명' 중에서 무엇을 없애야 할까? 당연히 효력을 다한 낡은 현대 노동관을 폐기처분해야 한다. 우리는 실제로 그렇게 하고 있는가? 그렇지 않다. 실제로 우리들이 하고 있는 일은 현대 노동관의 관점에서 사라져 가는 일터를 회복하고자 하는 불가능한 노력이다.

전 세계 대통령 후보들은 '일자리 창출'을 공약한다. 그러나 지구상 어떤 대통령도 공약을 성공적으로 수행할 수 없다. 왜냐하면 신기술 혁명이 빠른 속도로 일어나고 있기 때문이다. 그렇다면, 왜 전 세계 대통령 후보들은 '일자리 창출'이란 불가능한 공약을 제시하는 것일까? 그것은 후보자들 자신을 포함해서 전 세계 사람들이 현대 노동관에 사로잡혀 있기 때문이다.

이와 같이, 신기술 혁명이 맹렬히 일어나고 있는 상황에서 인류가 현대 노동관에 사로잡혀 있으면 어떤 일이 일어날까? 개인적인 차원과 사회적인 차원을 나누어 살펴보도록 하겠다.

개인적인 차원에서 보면, 그 사람은 불행해진다. 현대 노동관을 갖고 있는 사람은 일자리를 갖길 열망하는데 일자리는 갈수록 줄어들기 때문이다. 오늘날 청년들은 줄어드는 일자리 앞에서 취업에 대한 불안을 안고 살아간다. 취업에 실패했을 때는 심한 좌절감을 느낀다. 취업을 한다고 해도, 노동력에 대한 수요와 공급의 불균형으로 인해서 비정규직이 증가하고, 근무 조건이 악화되어 행복한 직장생활에는 난관이 많다.

이미 취업해 있는 사람들의 경우, 전체적인 고용 감소로 인해서 고용불안이 증가하고, 승진이 어려워지며, 근무 조건이 악화되어 힘겨운 직장생활을 하고 있는 경우가 많다. 그리고 이른 나이에 비자발적인 퇴직을 강요당하는 경우가 많다. 현대 노동관의 악영향은 노인에게도 나타난다. 일을 하기에는 너무 늙은 나이임에도 불구하고 그들 중 일부는 일자리를 찾아 나서며, 그렇지 않은 노인들은 '이젠 쓸모없는 존재가 되었다'라고 하는 고통스러운 마음을 안고 살아간다.

사회적인 차원에서 보면, 현대 노동관은 문명 위기를 증폭시킨다. 오늘날 현대 노동관은 인류가 탈현대 사회로 나아가는 것을 가로막고 있는 커다란 걸림돌이 되어 버렸다. 현대 사회가 인간 노동에 의해 건설된 사회인 것과 마찬가지로 탈현대 사회는 인간 노동이 사라진 사회이다. 현대 노동관은 시대 속에서 소임을 다한 낡은 그리고 사라져야 할 노동관이다.

그럼에도 불구하고 현대인은 여전히 현대 노동관에 고착되어 있다. 그 결과, 낡은 현대 노동관과 새로운 신기술 혁명 간에 격렬한 충돌이 일어나고 있고, 현대 노동관에의 고착으로 인해서 인류는 역사의 수레바퀴를 거꾸로 돌리려는 우매한 노력을 계속하고 있다. 이것은 파국적인 노력이다.

3) 새로운 인공지능과 낡은 지배와 피지배 패러다임의 충돌

'강자가 약자를 지배하는 것이 정당하다'고 하는 지배와 피지배의 패러다임이 현대 사회를 지배하고 있다. 만일 지배와 피지배의 패러다임을 받아들인다면, '인간보다 강한 인공지능이 인공지능보다 약한 인간을 지배하는 것이 정당하다'는 공식이 성립된다. 인간보다 강한 인공지능의 출현이 확실시되는 만큼, 오늘날 '장차 인공지능이 인간을 지배할 것이다'라고 하는 불길한 예언이 팽배해 있다.

미래학자나 과학자들을 위시해서 많은 사람들이 인공지능의 인간 지배와 문명 종말을 예상하고 있다. SF 영화들은 이런 미래를 그리고 있다. 결국, 인공지능이 인간보다 훨씬 우월한 지적 능력을 갖게 될 것은 분명한 일이다. 그래서 인간이 이 행성에서 가장 뛰어난 존재의 자리에서 물러나게 될 것도 분명하다.

그러나 이런 변화가 인류에게 무엇을 의미할 것인지는 불분명한 일이다. '인간보다 우월한 인공지능이 인간을 지배하고 문명을 파멸시킬 것'이라는 우려의 근거는 무엇일까? 현대를 지배하고 있는 '강자의 약자에 대한 지배'라고 하는 낡은 패러다임이다. 인공지능의 발달은 멈출 수도 없고, 멈추어서도 안 된다. 진정 멈추고 폐기해야 할 것은 인공지능의 발달이 아니라 현대의 낡은 패러다임임을 자각해야 한다. 만일 인류가 이젠 낡아서 새로운 시대에 부적합한 현대의 틀을 벗어던질 수 있다면, 인류는 노역의 고통에서 해방될 수 있을 뿐만 아니라 인공지능 로봇과 좋은 친구가 되어 멋진 신세계를 건설할 수 있을 것이다.

현대 사회에는 강자의 약자에 대한 지배를 정상적인 것으로 간주하는 지배와 피지배의 패러다임이 만연해 있다. 제국주의의 역사가 이를 웅변적으로 증명한다. 서구 열강이 아메리카 원주민들에게 자행한 잔혹한 일들, 아프리카에서 평화롭게 살던 흑인을 사냥해서 노예로 삼은 일들, 아편 판매를 위해 전쟁을 일으켜 중국을 초토화시킨 대영제국, 야만적인 제국주의의 에피소드는 이루 열거할 수 없을 만큼 많다.

과연 강자의 약자에 대한 지배는 정상적인 것일까? 그렇지 않다. 예를 들어, 젊은 자녀가 이젠 늙어서 힘이 없는 부모에게 자신의 힘을 앞세워 부모를 핍박하는 것이 정상적인 일일까? 힘이 센 부모가 어린 자녀에게 폭력을 행사하는 것이 정상적인 일일까?

그러나 현대 사회에는 분명히 강자의 약자에 대한 지배를 당연시하는 패러다임이 존재한다. 이런 지배와 피지배의 패러다임이 형성된 근본적인 원인은 무엇일까? 두 가지 지적인 원천을 지적할 수 있다. 하나는 유대 사상이고, 다른 하나는 다윈의 진화론이다.

유대 사상은 서구가 기독교화되면서 서구인들의 세계관에 큰 영향을 미쳤다. 서구에서 최초로 현대화가 이루어졌고, 이후 서구 문화의 세계화 과정이 진행되었다. 그리고 서구 문화의 세계화 과정을 통해 유대 사상은 자연스럽게 현대 사회 일반에 큰 영향을 미치고 있다.

유대교의 관점에서 보면, 세계는 하느님에 의해 창조된 것이다. 그러므로 창조자로서의 하느님과 피조물로서의 여타 생명체 간에는 근원적이고 결정적인 불평등이 존재한다. 하느님은 피조물들과 절대적인 간극이 있는 우월한 존재였다. 그러나 피조물 중에서만 본다면, 인간은 단연 두드러진 존재였다. 인간은 유일하게 신의 형상을 본떠 만들어졌고, 여타 피조물들을 지배할 수 있는 권능을 부여받았다. 그러므로 유대 사상의 관점에서 보면, 하느님과 모든 피조물들, 인간과 여타 피조물 간의 관계는 원천적으로 불평등한 것이다.

서구 전체가 기독교화되면서, 유대 세계관은 서구 사회에 커다란 영향을 미쳤다. 그 결과, 서구인들은 신을 절대 정점으로 삼고, 인간, 동물, 식물, 무생물이 수직적인 위계질서 속에서 존재하는 계층적 세계관을 갖게 되었다. 이는 현대의 지배와 피지배의 패러다임의 원형이 된다.

　르네상스가 발생하고, 신을 절대 정점으로 삼는 기독교 세계관도 붕괴되었다. 그러나 지배와 피지배의 패러다임은 그대로 보전되었다. 단지 절대자인 신이 차지하던 그 자리에 인간이 들어선 것이다. 신본주의 사회가 인본주의 사회로 전환된 것이다. 현대 인본주의 사회에서, 인간은 중세사회의 신과 같이 압도적으로 우월한 존재였다. 인간은 자연 위에 군림하고자 했으며, 자연을 수탈하고, 착취하고, 파괴했다. 지구 생태계의 신입생인 인류에 의한 무자비한 지구 생태계 파괴가 자행된 것이다.

　현대 사회에 만연하고 있는 지배와 피지배의 패러다임에 보다 직접적으로 영향을 끼친 것은 C. R. 다윈(Charles Robert Darwin, 1809~1882)의 진화론이다. 진화론적인 사유방식은 현대인에게는 익숙한 것이지만, 전현대적인 관점에서 보면 생각의 파격이다. 현대 이전의 세계에서는 어느 사회에서나 갈등을 부정적으로 생각했다. 그런데 돌연 다윈은 생존을 위한 투쟁이 진화의 원동력이 된다고 하는 '갈등 기능론'을 주창했다. 자연 세계에 대한 다윈의 진화론은 빠른 속도로 사회 영역에도 적용되었으며, 현대인의 새로운 의식 형태로 자리 잡았다.

　다윈은 모든 생명체의 번식속도와 먹이양의 총합 간의 구조적인 불균형이 존재한다는 사실에 주목했다. 번식속도와 먹이양 간의 구조적인 불균형은 필연적으로 모든 생명체에게 살아남기 위한 투쟁을 강요한다. 생존을 위한 투쟁의 결과로 환경에 부적합한 개체나 종은 소멸되며, 오직 환경에 적합한 강자만이 살아남는다. 그리고 적자생존의 결과로 진화가 이루어진다는 것이 다윈의 주장이다.

　다윈의 진화론은 정상성에 대한 기존 가정을 뒤흔들었다. 진화론의 관점에서 보면, 살아남기 위한 투쟁은 정상적인 것이며, 진화의 원동력이다. 투쟁을 통해 강자가 살아남고, 약자가 도태되는 것은 정상적인 것이며, 이를 통해 진화가 이루어진다는 것이다.

다윈 당시 영국에서는 가난한 사람들을 구제하기 위한 '구빈법' 제정이 활발히 논의되었다. 이때, H. 스펜서(Herbert Spencer, 1820~1903)를 위시한 진화론자들은 '구빈법'에 반대했다. 반대 논거는 환경에 부적합한 자가 구빈법에 의해 생존을 계속하고, 자손을 낳게 되면, 보다 우수한 상태로 인류의 진화가 이루어질 수 없다는 것이었다. 강한 것을 추구하고 숭배하며, 약한 것을 경멸하는 전형적인 강자의 철학이 탄생한 것이다.

강함을 추구하고 약함을 경멸하는 진화론적인 사유는 자본주의 시스템과 완벽하게 부합했다. 자본주의 체제에서 경쟁은 체제 유지의 기본 틀이 된다. 치열한 경쟁을 통해서 부적합자는 도태되고, 적합자는 더욱 융성한다. 다윈이 정글의 세계에서 관찰한 약육강식의 원리가 인류의 경제생활에 그대로 적용되는 것이다. 자본주의 흥기와 더불어, 진화론과 자본주의 체제는 서로를 강화하면서, 강자의 약자에 대한 지배를 당연시하는 강자의 철학을 확립해 갔다.

19세기에서 20세기 전반에 걸쳐 팽배했던 제국주의 사조는 다윈이 말한 약육강식의 원리가 적나라하게 적용된 사례이다. 영국, 프랑스, 독일, 러시아, 일본 등 산업화를 통해 국력이 강해진 국가들은 앞다투어 약소국을 강점했고, 수탈했다. 제국주의를 정당화할 수 있는 이데올로기가 무엇이었을까? 바로 진화론의 강자의 철학이었다.

자본주의를 타도의 대상으로 삼았던 마르크스의 공산주의조차도 진화론의 영향 아래 있었다. 마르크스는 궁극적인 목표로서 경쟁이

나 갈등이 사라진 공산사회를 제시했다. 그러나 어떻게 자본주의를 타도하고 공산사회에 이를 것인가 하는 문제에 이르러서는 진화론을 그대로 답습했다. 즉, 의식화된 노동자의 자본가에 대한 계급투쟁을 통해서이다. 공산주의 역시 강자의 철학에 충실했으며, 실제 역사적으로 건설된 공산사회에서도 약자에 대한 존중은 찾아볼 수 없었다. '투쟁을 통한 투쟁 없는 사회의 건설'이라고 하는 공산사회 건설 전략은 초기에 화려한 성공을 거두었으나, 궁극적으로는 실현 불가능한 전략이었고, 마침내 공산 체제의 붕괴로 이어졌다.

다윈의 강자의 철학은 자연에 대한 현대인의 태도에도 영향을 주었다. 인간은 강하고, 자연은 약하다. 그러므로 강한 인간의 약한 자연에 대한 지배와 착취가 정당화되는 이데올로기를 제공했다. 현대의 참담한 환경파괴의 밑바닥에는 다윈의 진화론이 자리하고 있다.

이리하여 다윈에서 시작된 강자의 철학은 현대인의 뇌리에 강하게 이식되었다. 그래서 현대는 개인적으로나 집단적으로나 강함을 추구한다. 강자는 약자 위에 군림하고자 하며 약자를 경멸한다. 강자의 약자에 대한 지배라고 하는 현대의 패러다임이 완성된 것이다.

유대 사상에 기원을 둔 기독교 세계관은 불평등한 세계 인식의 토대가 되었고, 다윈의 진화론은 적대적 관계관의 원형이 되었다. 이렇게 해서, 현대 사회에는 강자와 약자 간에 지배와 피지배의 패러다임이 확고하게 뿌리를 내리게 되었다. 강자로서의 인류는 약한 자연을 지배하고, 착취하고, 훼손했다. 강한 국가들은 약한 나라들을 침략하고 수탈했다. 부자와 권력자와 같은 강한 개인들은 약한 개인들에게 모욕을 주며 군림하고자 했다. 그 결과, 지구촌은 고통스러운 곳이 되어 버렸다.

그런데 뜻밖의 상황이 발생한 것이다. 인간은 지구상에서 자신이 가장 강한 존재라고 확신했는데, 인간보다 더 강한 인공지능이 출현하게 된 것이다. 인공지능은 지금도 인간보다 더 많이 기억하고, 더 빨리 연산하고, 더 잘 사고하고, 더 정확한 판단을 할 수 있지만, 미래의 인공지능은 이런 능력들이 획기적으로 개선될 것이 분명하다.

많은 과학자들이 지금으로부터 30년 정도 이후에는 초인공지능이 출현할 것이라고 예측하고 있다. 초인공지능은 인류 전체의 마음을 합쳐 놓은 것보다 더 강력한 기억력, 연산력, 사고력, 판단력을 가질 것으로 예측된다. 인간의 지력을 압도하는 새로운 지적인 존재가 출현하는 것이다.

강자의 약자에 대한 지배를 당연시하는 지배와 피지배의 패러다임을 통해 볼 때, 이것은 무엇을 의미하는가? 인간보다 압도적으로 강한 인공지능의 인간에 대한 지배가 자행되는 시대가 도래함을 의미한다. 그래서 우리는 알파고가 이세돌에게 승리를 거두었을 때 두려움을 느낀 것이다.

만일 인류가 우리 시대에 팽배해 있는 지배와 피지배의 패러다임을 그대로 안고 미래로 나아간다면, 그리고 장차 자의식과 욕망을 가진 인공지능이 출현한다면, 그때는 지금 인류가 두려워하는 악몽 같은 미래가 실제로 이루어질 것이다. 그러나 그런 암담한 미래의 원인이 인공지능이 아니란 점을 분명히 이해해야 한다. 진짜 원인은 인공지능이 아니라 강자가 약자를 지배하는 것이 정당화되는 낡은 지배와 피지배의 패러다임이다.

이런 패러다임의 바탕 위에서 인공지능이 발달하면 어떤 일이 일어날 것인가? 가장 참담한 결과가 전투 로봇의 발달이다. 즉, 상대편에 대한 지배를 위해 인공지능을 개발하는 것이다. 지금 많은 나라들이 경쟁적으로 살인 로봇을 개발 중이다. 왜일까? 각 국가는 상대편 국가를 지배할 수 있는 강한 국가가 되려 하기 때문이다. 그 결과는 무엇일까? 모든 나라가 최강의 국가가 되는 것? 아니다. 결과는 공멸이다. 전투 로봇이 미래의 세계에서 온갖 파괴를 일삼을 때, 그 책임자는 누구인가? 로봇인가? 인간인가? 물론 낡은 지배와 피지배의 패러다임에 사로잡혀 있는 현대인이다.

현시점에서 볼 때, 지배와 피지배의 패러다임이란 무엇인가? 낡고 청산되어야 할 구시대의 유물이다. 기술은 빠른 속도로 발달하는데, 인류는 여전히 낡은 현대 관계관에 고착되어 있다. 즉, 기술 진보보다 인류의 진화 속도가 늦어진 것, 즉 문화 지체 현상이 발생한 것이다.

만일 이런 상황이 지속된다면 어떻게 될까? 미래공상 영화에서 보듯이 인류 문명이 파괴될 것이고, 또한 지구 생태계도 파괴되어 지구는 죽음의 별이 될 것이다. 그러므로 낡은 지배와 피지배의 패러다임을 벗어던지는 것이 참으로 시급하다. 그러나 현 인류에게 이 낡은 패러다임을 폐기하는 일이 왜 이렇게 어려운 것일까? 그 답은 현대인의 의식을 지배하고 있는 현대 인간관 때문이다.

자신이 보잘것없는 존재라는 현대 인간관에 사로잡혀, 현대인은 '자아확장투쟁으로서의 삶'을 살아가고 있다. '자아확장투쟁으로서의 삶'의 핵심적인 양상의 하나가 '권력을 위한 투쟁' 또는 '지배를 위한 투쟁'이다. 그래서 현대인은 '나와 너'의 관계를 서로에 대한 지배권을 얻기 위한 투쟁의 관계로 해석하며, 투쟁의 결과로 형성된 지배와 피지배의 관계로 인식한다. 그러므로 현대 인간관으로부터 탈피하지 않는 한, 나와 네가 서로를 이루어 주면서 평화롭게 공존할 수 있는 가능성은 없다.

현대 인간관에서 비롯되는 지배와 피지배의 패러다임이 지속된다면, 인류는 초인공지능에 의해 지배당할 것이며, 궁극적으로는 우리 모두는 죽을 것이다. 그러므로 지배와 피지배의 패러다임으로부터의 탈피는 인류와 지구 생태계의 안녕을 위해 가장 시급한 과제가 되었다.

3. 장자와 인공지능이 새 세상을 열다

인공지능 시대가 도래하면서, 새로운 인공지능과 낡은 현대 세계관 간에 격렬한 문명 충돌이 일어나고 있다. 만일 인류가 낡은 세계관을 폐기하지 못한다면, 문명 위기는 증폭되고, 결국 문명 대파국과 인류 멸종이라는 최악의 결과에 직면하게 될 것이다. 인공지능은 탈현대라는 새로운 시대의 하드웨어이다. 우리는 인공지능과 조화를 이룰 수 있는 새로운 시대의 소프트웨어를 필요로 한다. 이 책은 장자에게서 새로운 시대의 소프트웨어를 찾으려고 했다. 그리고 새로운 소프트웨어로서의 장자와 새로운 하드웨어로서의 인공지능이 결합했을 때, 인류의 새로운 삶과 사회는 어떤 것일지를 보여 주고자 했다.

1) 장자와 탈현대적 삶의 비전

장자와 인공지능이 만났을 때, 어떤 새로운 삶의 비전을 보여 줄 수 있는가? 인류는 이제 연작(燕雀)으로서의 삶을 마감하고, 대붕(大鵬)이 되어 하늘 높이 솟구칠 것이다. 더 이상 생계에 대한 걱정 없이, 노동에 대한 부담 없이, 인류는 대자유의 삶을 살아갈 것이다. 인류는 도와 하나가 되어 아름다운 삶의 춤을 펼칠 것이다.

대자유의 삶

탈현대인은 문명이 시작된 이후 계속된 에고의 감옥으로부터 해방된 사람이다. 연작(燕雀)으로서의 삶을 탈피해서, 대붕(大鵬)의 비상으로서의 삶을 살아가는 사람이다. 그는 칭찬과 비난으로부터의 자유를 누리고, 심각함으로부터의 자유를 누리며, 근심으로부터의 자유를 누리고, 분노로부터의 자유를 누리며, 모든 중독으로부터의 자유를 누리는 대자유의 삶을 살아간다.

• **칭찬과 비난으로부터의 자유**: 현대인은 비난을 두려워한다. 왜냐하면 비난받을 수 있는 능력이 없기 때문이다. 탈현대인은 미움받을 수 있는 능력을 갖고 있다. 그래서 그는 이제 주변의 비난이나 칭찬으로 인해 마음이 출렁이지 않는다. 비난이나 칭찬이 그의 마음을 흔들지 못하면, 그의 삶은 가벼워진다. 그는 더 이상 칼날을 잡고 상대편의 비난과 칭찬에 연연하는 삶을 살아가지 않는다. 그는 이제 칼의 손잡이를 잡고 비난과 칭찬으로부터의 자유를 누리는 탈현대적인 삶을 살아간다.

• **심각함으로부터의 자유**: 현대인에게는 매사가 심각하다. 그러나 탈현대인에게는 어떤 일도 심각하지 않다. 좋은 일이건 나쁜 일이건, 바다인 내가 볼 때는 그 모두가 바다 위에 잠시 생겼다 사라지는 물거품에 지나지 않는 것이다. 내가 대단한 사람이라는 시선, 내가 하찮은

사람이라는 시선, 모든 세상 사람들의 시선에 나는 그저 미소 짓는다. 뛸 듯이 기뻐하는 마음, 땅속으로 꺼질 것 같은 마음, 모든 마음에 나는 그저 미소 짓는다. 나는 어떤 시선, 어떤 마음으로부터도 자유를 누린다.

• **근심으로부터의 자유**: 현대인의 마음 깊은 곳에는 두려움이 있다. '얻지 못할 것에 대한 근심.' '얻은 것을 잃어버릴까 하는 근심.' 어차피 선물로 받은 인생인데, 얻지 못할까 잃어버릴까 근심할 일이 무엇일까? 탈현대인은 자신이 파도가 아니라 바다임을 자각하면서, 모든 근심으로부터의 자유를 누린다. 죽음조차 그를 근심에 빠지게 하지 못한다. 그러니 그가 무엇을 두려워하랴? 두려움이 살고 있던 마음 깊은 곳에서, 평화로움, 기쁨, 즐거움이 솟아난다.

• **분노로부터의 자유**: 현대인은 어떤 배가 내 배에 다가와 부딪혀도, 기다렸다는 듯이 반작용을 한다. 탈현대인은 어떤 배가 내 배에 다가와 부딪혀도, 화가 나지 않는다. 나의 배에 와서 부딪친 그 사람이 '어쩔 수 없이' 나의 배를 부딪쳤음을 알고 있기 때문이다. 화를 내는 대신, 그를 가엾이 여겨 주고, 위로해 준다. 어떤 배가 내 배에 다가와 부딪혔지만, 그에겐 내 배에 다가와 부딪힌 배가 없다.

• **나로부터의 자유**: '나는 이 개미 왕국의 여왕이야!' 하며 우쭐대는 여왕개미를 향해 사방 수천 리에 달하는 왕국의 왕이 미소 짓는다. '나는 사방 수천 리에 달하는 왕국의 왕이야!' 하며 우쭐대는 왕을 향해 끝없는 대우주의 도가 미소 짓는다. 탈현대인은 대우주의 눈으로 우쭐대는 자신을 향해 미소 짓는 자이다. 현대인은 나의 에고에 속박된 삶을 살아간다. 탈현대인은 나로부터의 자유를 누린다.

• **중독으로부터의 자유**: 온갖 습관적인 중독이 현대인의 마음을 사

로잡고 있다. 그의 몸은 여기 있어도, 마음은 다른 곳에 가 있다. 중독에 걸려 있는 상태는 꿈을 꾸고 있는 상태와 흡사해서, 중독에 걸려 있으면 현실과의 진정한 접촉이 어려워진다. 탈현대인은 모든 중독으로부터의 자유를 누리는 사람이다. 그는 늘 깨어 있으며, 그의 마음은 항상 '지금 여기'에 머물러 있다.

도와 합치하는 삶

역천(逆天)! 대역(大逆)! 이것이 현대적인 삶의 모습이다. 순천(順天)! 대순(大順)! 이것이 탈현대적인 삶의 모습이다. 탈현대인은 도와 하나가 되어 도와 합치하는 삶을 살아간다. 그래서 일상 속으로 마음의 즐거움이 흘러 들어간다. 그의 삶은 도와 하나가 되어 추는 아름다운 춤이다.

• **부드러움**: 도와 어긋나면 딱딱해진다. 도와 하나가 되면 부드러워진다. 그의 귀는 순해지고[耳順], 그의 마음은 부드러워진다. 그는 '내가 옳다'고 생각하는 순간 '내가 틀렸음'을 알고 있다. 그는 도를 거슬러 무엇을 이루고자 하지 않기에, 이루지 못하는 것이 없다. 그는 지금 여기에 깊이 머문다. 아무 일도 없는데 입가에 미소가 피어난다. 특별한 일이 없지만, 일상의 모든 것이 의미로 넘쳐난다.

• **우주와의 만남**: 띠쇠를 만드는 노인은 띠쇠를 만들면서 행복하고, 자신에게서 솟아나는 행복감으로 주위에 행복을 준다. 그는 띠쇠를 만드는 것을 좋아하기에 누구보다 띠쇠를 잘 만들 수 있다. 그는 띠쇠를 만드는 일 속에서 대우주의 도와 만남을 이루고, 대우주의 도와 하나가 된다. 탈현대인이란 띠쇠를 만드는 노인과 같다. 그는 자신이 마주하는 모든 것 속에서 대우주의 도와의 만남을 이룬다.

• **소요하는 삶**: 현대인에게 한가로움이란 재앙이다. 그러나 탈현대인에게 한가로운 시간은 신기술 혁명이 인류에게 내려 준 축복이다. 그는 자신이 아무것도 아닌 존재임을 알고, 아무것도 되고자 하지 않기에, 아무것도 하지 않음을 즐기면서 소요로서의 삶을 살아간다. 그는 따뜻한 양지에 앉아 해바라기를 즐긴다. 아무것도 하지 않는 그 시간이 편안하고 행복하다. 그는 마음을 다해 걷는 것을 즐기고, 숨쉬기를 즐긴다.

• **유유자적한 삶**: 시에스타를 즐기고, 누워서 빈둥거리는 것을 무척 좋아하는 그리스인의 삶의 모습은 탈현대적인 삶의 한 자락을 보여 준다. 이천사백 년 전 장자도 나무 그늘 아래 소요하는 유유자적한 삶을 꿈꾸었다. 탈현대적인 삶이란 마음에 맞는 사람과 간단한 식사와 포도주 한 병을 시켜 놓고 밤이 깊도록 대화를 나누는 삶이며, 바쁜 걸음으로 헉헉거리는 걸음을 옮기지 않는 삶이다.

• **기쁨이 샘솟는 삶**: 탈현대적인 삶이란 일상의 평범함 속에서 기쁨이 솟아나는 삶이다. 현대인은 무엇인가를 이루어 내어야 한다는 강박관념에 시달리며 분주한 삶을 살아간다. 그러나 탈현대인은 아무것도 이루고자 하지 않는다. 그는 자신이 이미 도착한 존재임을 알고 있기 때문이다. 그는 아무렇지도 않은 일상 속에서 새로움과 기쁨을 발견할 수 있는 사람이다. 그는 사랑의 자가발전을 할 수 있어서 자신 안에서 생겨난 기쁨과 행복을 주위 사람들에게 선물한다. 그는 '아무 일도 없는 세계'에 들어서게 되며, 깊은 평화로움과 끝없이 샘솟는 기쁨에 몸을 담근다.

• **무용지용의 삶**: 현대인의 눈으로 본다면, 사당을 지키고 서 있는 거대한 나무는 아무런 쓸모도 없는 존재이다. 현대인은 쓸모 있는 존

재가 되기 위해 아등바등 애를 쓴다. 탈현대인은 자신이 대우주의 도를 품고 있는 위대한 존재라는 사실을 자각하고 있는 사람이다. 그래서 탈현대적인 삶에는 쓸모 있는 존재가 되기 위한 노력이 멈추어진다. 탈현대적인 삶에는 쓸모없는 존재가 되어 버릴 것에 대한 두려움이 사라진다. 탈현대적인 삶에는 노동이 사라져 가는 시대 속에서 비탄의 한숨이 멈추어진다.

•**바다 밑바닥의 삶**: 바다 표면에는 끊임없이 크고 작은 파도가 생겨났다 사라진다. 그러나 태풍이 휘몰아치는 순간에도 바다 밑바닥은 고요하다. 바다 밑바닥, 이곳이 바로 탈현대인의 마음이 머무르는 곳이다. 탈현대인은 꼭 깊은 산속이나 한적한 바닷가에 거주하는 사람이 아니다. 몸은 궁문(宮門)에 머물고 있지만, 마음은 한적한 바닷가에 머물고 있는 그 사람이 바로 탈현대인이다.

•**도움을 베풂**: 현대인은 도움을 베풂에 인색하며, 때로 상대편이 어떤 도움을 필요로 하는지조차 알지 못한다. 탈현대적인 삶이란 도움을 베푼다는 의식이 없는 가운데 상대편이 필요로 하는 도움을 베푸는 삶이다. 엄마가 밤중에 깨어 아기에게 젖을 주고, 기저귀를 갈아 주며, 위험을 피하도록 해 주듯이, 탈현대인은 도움을 필요로 하는 사람에게 도움을 베푼다. 엄마에게는 아기를 도와주었다는 의식이 없듯이, 탈현대인에게는 너를 도와주었다는 의식이 없다. 탈현대인이 베푸는 가장 큰 도움은 '당신이 참으로 아름다운 존재임'을 알려 주는 것이다.

•**하늘의 마음**: 탈현대인에게는 자신을 높이려는 마음이 없다. 탈현대인에게는 상대편을 이기고자 하는 마음이 없다. 탈현대인에게는 집착하는 마음이 없다. 탈현대인에게는 기필하고자 하는 마음이 없다.

탈현대인에게는 영악한 마음이 없다. 탈현대인에게는 차별하는 마음이 없다. 탈현대인의 마음은 하늘을 닮아 있다. 탈현대인은 더 높고 강한 존재가 되겠다는 어리석은 노력을 멈추고, 존재의 아름다움을 발견하고 즐기는 삶을 살아간다.

2) 장자와 탈현대 사회의 비전

'대도(大道)와 합치하는 '참나'의 문명을 꽃피우는 것', 이것이 장자의 아름다운 꿈이었다. 이것은 또한 장자 시대에는 이루어질 수 없는 꿈이었다. 장자는 이천사백 년 동안 깊은 잠을 자고 있었고, 마침내 인공지능 시대를 맞아 깨어나려고 한다. 장자와 인공지능이 창조적으로 결합하면, 장자의 꿈이 실현된 아름다운 세상이 열릴 수 있다.

절대 평등의 세상

탈현대 사회는 어떤 것도 배타적으로 중심이 되지 않으면서 모든 것이 중심이 되는 탈중심적인 사회이다. 탈현대 사회에서 인간과 인간·자연과 인간·인공지능과 인간 등 모든 존재는 절대적으로 평등하며, 조화롭게 공존한다. 제물(濟物)의 세계가 열리는 것이다.

• **절대 평등의 사회**: 장자는 문둥병 환자[厲]와 미인 서시(西施)가 절대적으로 평등하다고 말한다. 도의 입장에서 보면, 이 세상 어떤 존재라도 대우주의 도를 자신 안에 품고 있는 위대한 존재이기 때문이다. 그러므로 모든 존재는 하나의 예외도 없이 존귀하다는 점에서 절대적으로 평등하다. 제물(齊物)의 세계가 열리는 것이다.

탈현대 사회는 바로 이런 의미에서 모든 존재들 간의 절대 평등이 구현된 사회이다. 그러므로 탈현대 사회에서는 아무도 상대편을 함부로 대하지 않으며, 아무리 하찮아 보이는 외양을 하고 있더라도 그들을 깊이 존중하고 존경한다. 어느 누구도 어느 누구를 무시하지 않는 세상, 어느 누구도 어느 누구에게 상처를 주지 않는 세상, 그곳이 바로 우리가 꿈꾸는 탈현대 사회이다.

탈현대 사회에서는 에고의 차원에서 나의 위치가 어디이든, '나는 내(나의 에고)가 아니며, 내가 아닌 모든 것이다.' '나는 곧 너'인 멋진 세계가 열리는 것이다. 그러므로 탈현대 사회는 '나와 네가 하나임'에 대한 자각 속에서, 나와 네가 사랑으로 결합하는 아름다운 세상이 될 것이다.

• 너를 재단하지 않는 사회: 장자는 말한다. "물오리는 비록 다리가 짧지만 그것을 길게 이어 주면 괴로워하고, 두루미의 다리는 길지만 그것을 짧게 잘라 주면 슬퍼한다."[41] 케피소스 강가에 살았던 프로크루스테스는 강을 건너려는 행인을 잡아 집 안에 있는 쇠 침대에 눕히고, 키가 침대보다 크면 머리나 다리를 톱으로 잘라 내어 죽이고, 작으면 몸을 잡아 늘여서 죽였다. 자코뱅당의 대숙청, 스탈린의 대숙청, 모택동의 문화혁명, 폴 포트의 킬링필드 등, 현대 혁명의 현장에는 어디에나 프로크루스테스의 침대가 있었고, 처절한 피의 숙청이 이루어졌다.

탈현대 사회는 '내가 옳다'는 생각으로부터의 자유가 쟁취된 사회, '틀린 너'에 대한 폭력이 사라진 사회이다. 탈현대적인 관점에서 보면,

---

41　『莊子』, 「騈拇」, "是故鳧脛雖短 續之則憂 鶴脛雖長 斷之則悲".

오리의 다리는 짧지 않고, 두루미의 다리는 길지 않다. 오리와 두루미의 다리는 지금 있는 그대로 완전한 것이다. 그러므로 탈현대 사회는 프로크루스테스의 침대가 사라진 사회이다. 어떤 개인도, 어떤 민족도, 어떤 종교도, 어떤 문화도 길지도 않고 짧지도 않다. 그래서 탈현대 사회에서는 자기가 옳다고 생각하는 잣대를 들이대며 상대편을 재단하는 일이 완전히 사라지게 된다. 내가 너를 재단하지 않으니, 내가 너에게 재단 받는 일도 사라진다.

•**부동동지(**不同同之**)의 사회**: 장자가 꿈꾼 세상은 서로 같지 않은 그대로 하나가 되는 사회이다. 오케스트라의 악기들은 저마다 다른 음색을 갖고 있지만, 같지 않은 채로 어울려 하나가 된다. 화원의 꽃들은 저마다의 모양과 향기, 색깔을 갖고 있지만, 서로 어울려 아름다운 꽃밭이 된다. 이것이 바로 장자가 꿈꾼 새로운 세상이다.

태극문양을 보면, 문양의 한쪽은 음을, 다른 한쪽은 양을 상징한다. 음과 양은 서로 같지 않은 채[不同]로 존재한다. 그러나 음과 양은 서로 분리되어 있지 않다. 음과 양은 대립물의 존재를 전제로 해서 존립할 수 있다. 서로 다른 채로 음 속에는 양이, 양 속에는 음이 내포되어 있고, 둘이 어울려 태극이라는 하나 됨[同之]을 이룬다.

탈현대 사회는 '부동동지'의 원리가 모든 곳에 관철된 사회이다. 갖가지 꽃들이 어울려 아름다운 화원을 이루듯, 서로 다른 인종, 민족, 종교, 문화, 언어 등이 서로 조화롭게 어울려 지구촌 화원을 이루는 사회가 바로 탈현대 사회이다.

참나의 문명이 꽃핀 사회
탈현대 사회는 자연의 이치에 순응하고, 대도와 합치하는 '참나'의 문명이 꽃핀 사회이다. 탈현대 문명은 한없이 부드러운 문명이다. 탈현대 사회는 강한 것이 약한 것의 아래에 위치하는 사회이다. 탈현대 사회에서는 일상의 모든 것이 성스러운 것으로 전화된다.

• **무위지치의 사회**: '무위지치(無爲之治)의 사회', 이것은 장자가 꿈꾸었던 세상이다. 그러나 한 번도 역사 속에서 구현되지 못했던 사회이다. '무위지치의 꿈'이 현실화되기 위해서는 인공지능 시대가 도래할 때까지 이천사백 년의 세월을 기다려야만 했다.

왜냐하면 인공지능 시대 이전 사회에는 기술력의 한계로 인해 늘 생산이 인간 욕망을 충족시킬 수 없었다. 생산력의 한계는 소수 지배계급에게만 여가를 허용했고, 그들에게만 '수행과 낙도로서의 삶'이라는 선택지가 주어졌다. 그러므로 인류적인 차원에서 '참나'의 각성을 이룬다는 것은 구조적으로 불가능했다.

인공지능 시대가 개막되면, 기술 폭발로 생산력의 한계가 사라지게 될 것이다. 이때, 여가가 곧 삶이 되는 새로운 삶의 형식이 인류에게 허용될 것이다. 장자는 오랜 잠에서 깨어나, 인류가 에고의 감옥에서 벗어나 존재 혁명을 통해 '참나'를 각성하는 것을 도울 수 있을 것이다. 이때, 비로소 무위지치가 행해지는 탈현대 사회는 현실성을 갖게 될 것이다.

• **성화(聖化)된 사회**: 현대화가 진행되면서 원래는 성(聖)의 영역에 속했던 것들이 속(俗)의 영역으로 바뀌는 세속화(secularization)가 진행되었다. 그러나 탈현대화가 진행되면, 원래 성(聖)의 영역이 아니었던 삶과 사회 영역까지도 점점 성스러운 것으로 바뀌어 가는 성화(聖化)가 일어날 것이다. 정치나 교육, 문화와 같은 영역은 말할 것도 없고, 경제 영역에까지 성화가 진행될 것이다.

'성화'가 완성된 사회를 탈현대 사회라고 한다. 탈현대 사회에서는 아무렇지도 않은 일상의 모든 것에서 성스러움을 느낀다. 탈현대 사회에서는 개인의 행위와 같이 작은 곳에서부터 전 지구촌을 망라하는 큰 곳에 이르기까지 도가 미치지 않는 곳이 없게 된다. 바로 대도(大道)의 사회가 구현되는 것이다.

• **영웅이 사라진 사회**: 영웅이 많이 출현한 사회는 춘추전국시대와 같이 역사의 어두운 시기였다. 탈현대 사회는 영웅의 출현을 원하지 않는 사회이며, 공명을 세울 필요가 없는 사회이다. 탈현대 사회는 영웅이 나타나 공명을 세우지 않아도 저절로 다스려지는 사회, 다툼이 없는 평화로운 사회이다. 어떻게 그럴 수 있는가? 탈현대 사회는 도와 하나가 된 사회이기 때문이다.

투쟁을 통해 투쟁 없는 사회를 건설하고자 했던 공산주의운동이 결국 실패로 돌아갔듯이, 공명(功名)을 세워 다스림에 이르고자 하는 노력도 언제나 실패로 돌아갔다. 결국 다스림은 탈현대의 몫이 될 수밖에 없다. 무한한 욕망의 추구가 멈추어졌을 때, 『주역』「지산겸괘(地山謙卦)」의 이치를 체득하고 실천하는 탈현대인에 의해서만, 평화로운 사회, 공명을 세움 없이 다스림이 이루어지는 평화로운 사회가 건설될 수 있을 것이다.

• **베풂을 중히 여기지 않는 사회**: 현대 사회에는 베풂이 드물고, 베풂을 중히 여긴다. 탈현대 사회에서는 베풂이 흔하고 베풂을 중히 여기지 않는다. 현대인은 소인(小人)이며, 무도한 존재이다. 무엇인가 도움이 필요한 사람에게 베푼다는 것은 현대인에게는 아주 어려운 일이다. 베풂이 드물어지니, 베풂이 중히 여겨지는 것이다.

탈현대인에게는 상대편에게 도움을 베푼다는 것은 그들에겐 너무

나도 쉽고, 자연스러운 일이다. 그래서 탈현대 사회에서는 남에게 베푸는 것을 치켜세우지 않는다. 태양이 모든 생명체들에게 따뜻한 빛을 선물하듯이, 탈현대인은 도움이 필요한 모든 존재에게 도움을 베푼다. 태양이 '내가 너에게 햇빛을 비춰 줬잖아'라고 생각하지 않듯이, 탈현대인은 '내가 너에게 도움을 주었어'라고 생각하지 않는다. 도움을 필요로 하는 사람에게 누군가가 베푸는 도움은 소중한 것이다. 그러나 도움을 베푸는 사람의 입장에서 보면, 도움을 필요로 하는 사람에게 도움을 베푸는 것은 너무나 당연한 것이다. 그래서 탈현대 사회는 베풂을 중히 여기지 않으면서 도움이 베풀어지는 사회이다.

• **내가 사라진 사회**: 신이 죽은 서구 사회에서는, '내가 신이 되었다!'라는 황홀한 외침이 들려왔다. 그리고 그들은 광인(狂人)이 되었다.

'내가 도(道)와 하나가 되었다!', 이것은 에고의 외침이다. 깨달음이란 '내가 거대한 바다의 아주 작은 일부'임을 아는 것인데, 에고는 깨달음의 체험을 사유화함으로써 '내가 거대한 바다'라고 하는 함정에 쉽게 빠져든다. 마음은 높아지고, 다른 사람들이 자신을 경배할 것을 요구하고, 경배함을 당연시하게 된다. 그래서 그들은 깨달음의 체험을 한 자신을 향해 웃을 수 없게 된다. 마음이 높아진 자신의 하찮음을 볼 수 없게 된다. 더 이상 배우려고 하지 않는다.

탈현대 사회로 가는 유일한 길은 인류의 존재 변화이다. 인류가 사랑의 존재로 재탄생하는 것이다. 탈현대 사회는 존재 변화를 이룬 사람들의 사회이며, 지극히 겸손한 사람들의 사회이다. 탈현대 사회는 현대적인 관점에서 보면 사회 구성원들의 주체성이 사라진 사회이다. 그러나 탈현대적인 관점에서 보면, 탈현대 사회는 사회 구성원들의 진정한 주체, 즉 '참나'가 깨어나 활동하는 사회이다. 내[에고]가 죽음으로써만 진정한 내[참나]가 살 수 있다. 탈현대 사회는 '내가'가 사라진 지극히 겸손한 사람들의 사회인 것이다.

참고문헌

○ **경전류**

『老子』.

『莊子』.

『莊子』, 안동림 옮김, 현암사, 1993.

『周易』.

『論語』.

『성경』, 전국 천주교 주교회의, 2005.

『베스트 성경』, 성서교재간행사, 1995.

○ **국내와 중국, 일본 문헌**

계명대학교 한국학연구원 편, 『동양사상의 시대 진단과 비전』, 계명대학교출판부, 2017.

구본권, 『로봇시대, 인간의 일』, 어크로스, 2015.

김기태, 『지금 이대로 완전하다』, 침묵의 향기, 2007.

_____, 『삶을 묻고 자유를 답하다』, 침묵의 향기, 2007.

_____, 『지금 이 순간이 기회입니다』, 침묵의 향기, 2013.

_____, 『종교 밖으로 나온 성경』, 침묵의 향기, 2014.

_____, 『무분별의 지혜』, 판미동, 2015.

김영한, 『르네상스 휴머니즘과 유토피아니즘』, 탐구당, 1989.

김재범, 「주역의 인식원리의 사회학방법론적 함의」, 경북대학교 사회학과 박사학위논문, 1997.

_____, 「동서사상의 비교를 위한 인식 준거」, 『동양사회사상』 1: 105-132, 1998.

_____, 『주역사회학』, 예문서원, 2001.

大濱晧, 임헌규 옮김, 『老子의 哲學』, 인간사랑, 1992.

蒙培元, 『中國哲學主體思惟』, 北京: 東方出版社, 1993.

문현상, 『인간관의 고찰』, 동문사, 1996.

백승대, 「르네상스 휴머니즘의 사회사상」, 신오현 외 6인 공저, 『르네상스 휴머니즘의 현대적 의의』, pp. 186–229, 영남대학교 출판부, 1990.

백진호, 「양명의 천지만물일체와 사랑의 의미」, 『동양사회사상』 21: 261–288, 2010.

신오현, 「르네상스 휴머니즘과 철학」, 신오현 외 6인 공저, 『르네상스 휴머니즘의 현대적 의의』, pp. 65–129, 영남대학교 출판부, 1990.

_____, 「유가적 인간이해」, 신오현 편, 『인간의 본질』, pp. 45–71, 형설출판사, 1996.

신준식, 『宗敎社會學: 막스 베버의 宗敎·經濟關係論』, 문예출판사, 1994.

안동림 역주, 『莊子』, 현암사, 1993.

양창삼, 『사회학적 인간조명』, 민영사, 1982.

원광대학교 마음인문학연구소 편, 『유교의 마음공부』, 공동체, 2015.

원정근, 『도가철학의 사유방식』, 법인문화사, 1997.

유승무, 『불교사회학–불교와 사회의 연기법적 접근을 위하여』, 박종철출판사, 2010.

이승연, 「주자의 죽음관에 관한 소고」, 『동양사회사상』 20: 155–184, 2009.

_____, 「유가에 있어서 노인」, 『유교사상연구』 42: 31–61, 2010.

이승연·정재걸·홍승표·이현지·백진호, 『장자와 탈현대』, 살림터, 2021.

이영찬, 『유교사회학』, 예문서원, 2001.

_____, 『유교사회학의 패러다임과 사회이론』, 예문서원, 2008.

이재룡, 『조선 예의 사상에서 법의 통치까지』, 예문서원, 1995.

이현지, 「장자 평등사상의 여성학적 함의」, 『철학논총』 30: 79–94, 2002.

_____, 「음양, 남녀 그리고 탈현대」, 『동양사회사상』 13: 93–112, 2006.

_____, 『동양사상과 탈현대의 발견』, 한국학술정보, 2009.

_____, 『동양사상과 인간 그리고 사회』, 살림터, 2020.

이현지·홍승표·정재걸·이승연·백진호, 『동양사상에게 인공지능 시대의 가족을 묻다』, 살림터, 2019.

_____, 『논어와 탈현대』, 살림터, 2019.

장윤수, 『道, 길을 가며 길을 묻다』, 글항아리, 2018.

전경갑, 『현대와 탈현대의 사회사상』, 한길사, 1993.

정문길, 『疎外論 硏究』, 문학과지성사, 1978.

정재걸, 『만두모형의 교육관』, 한국교육신문사, 2001.

_____, 『오래된 미래교육』, 살림터, 2010.

_____, 『죽음교육』, 지식의날개, 2010.

_____, 『우리 안의 미래교육』, 살림터, 2019.

정재걸·홍승표·이승연·이현지·백진호, 『동양사상과 탈현대의 죽음』, 계명대학교출판부, 2010.

_____, 『주역과 탈현대 1·2』, 문사철, 2014.

_____, 『동양사상과 마음교육』, 살림터, 2014.

_____, 『공자 혁명』, 글항아리, 2015.

_____, 『노자와 탈현대』, 문사철, 2017.

진선희, 『문학과 사랑의 교육학』, 역락, 2018.

차하순, 『르네상스의 사회와 사상』, 탐구당, 1991.

淸水正德, 한마당 편집부 옮김, 『노동의 의미』, 한마당, 1983.

최봉영, 『한국인의 사회적 성격 (1)·(2)』, 느티나무, 1994.

_____, 『한국 문화의 성격』, 사계절, 1997.

최석만 외, 『탈현대와 유교』, 전남대출판부, 2007.

_____, 『현대 사회의 위기와 동양사회사상』, 다산출판사, 2016.

한기호, 『인공지능 시대의 삶』, 어른의시간, 2016.

한도현 외, 『유교의 현대적 해석과 미래적 전망』, 청계, 2004.

한자경, 『일심의 철학』, 서광사, 2002.

허재윤, 「르네상스 휴머니즘의 종교적 의의」, 신오현 외 6인 공저, 『르네상스 휴머니즘의 현대적 의의』, pp. 130–185, 영남대학교 출판부, 1990.

허창수·정용교, 『역사 속에서 바라본 노동개념의 변화』, 도서출판 영한, 2003.

홍승표, 『깨달음의 사회학』, 예문서원, 2002.

_____, 『존재의 아름다움』, 예문서원, 2003.

_____, 『동양사상과 탈현대』, 예문서원, 2005.

_____, 『노인혁명』, 예문서원, 2007.

_____, 『동양사상과 새로운 유토피아』, 계명대출판부, 2010.

_____, 『동양사상과 탈현대적 삶』, 계명대출판부, 2011.

_____, 『탈현대와 동양사상의 재발견』, 계명대출판부, 2012.

_____, 『주역과 탈현대 문명』, 문사철, 2014.

_____, 『무르익다』, 쌤앤파커스, 2016.

_____, 『노자와 탈현대 문명』, 살림터, 2019.

_____, 『인공지능 시대의 사회학적 상상력』, 살림터, 2019.

_____, 『사랑의 사회학』, 살림터, 2020.

홍승표·정재걸·이승연·이현지·백진호, 『동양사상과 노인복지』, 집문당, 2013.

홍승표·정재걸·이승연·백진호·이현지, 『동양사상에게 인공지능 시대를 묻다』, 살림터, 2017.

홍승표 외, 『동양사상과 탈현대의 여가』, 계명대학교출판부, 2006.

_____, 『한국전통사상과 새로운 노동관』, 계명대학교출판부, 2010.

○ **서양 문헌**

Beckett, Samuel Barclay, 오증자 옮김, 『고도를 기다리며』, 민음사, 2000.

Bolen, Jean Shinoda, 이은봉 옮김, 『道와 人間心理』, 집문당, 1994.

Capra, Fritjof, 이성범·구윤서 옮김, 『새로운 科學과 文明의 轉換』, 범양사출판부, 1985.

_____. 이성범·김용정 옮김, 『현대물리학과 동양사상』, 범양사출판부, 1989.

Darwin, Charles Robert, 장대인 옮김, 『종의 기원』, 사이언스북스, 2019.

Dostoevskii, Fyodor Mikhailovich, 김연경 옮김, 『카라마조프 가의 형제들』, 민음사, 2007.

Eliot, Thomas Stearns, 황동규 옮김, 『황무지』, 민음사, 1974.

Feuerbach, Ludwig Andreas, 강대석 옮김, 『기독교의 본질』, 한길사, 2008.

Freud, Sigmund, Civilization and Its Discontents, The Standard Edition of the Complete Psychological Works of Sigmund Freud, Vol. XXI, James Strachey trans. London: The Hogarth Press, 1961.

Fromm, Erich, 김철수 옮김, 『자유로부터의 도피』, 계명대학교출판부, 1998.

Harari, Yuval Noah, 조현욱 옮김, 『사피엔스』, 김영사, 2015.

_____, 김명주 옮김, 『호모데우스』, 김영사, 2017.

Hegel, Georg Wilhelm Friedrich, 임석진 옮김, 『정신현상학』, 한길사, 2005.

Hobbes, Thomas, Leviathan, Indianapolis, Indiana: Hackett Publishing Company, Inc., 1994.

Kelly, Kevin, 이한음 옮김, 『인에비터블 미래의 정체』, 청림출판, 2017.

Kurzweil, Ray, 장시형·김명남 옮김, 『특이점이 온다』, 김영사, 2007.

Loptson, Peter, Theories of Human Nature, Ontario, Canada: Broadview Press, 1995.

Lukacs, Georg, 조만영·박정호 옮김, 『역사와 계급의식』, 지식을만드는지식, 2015.

Malthus, Thomas Robert, 이서행 옮김, 『인구론』, 동서문화사, 2016.

Marcuse, Herbert, 김인환 옮김, 『에로스와 문명』, 나남, 2004.

Marx, Karl, 강민철 옮김, 『철학의 빈곤』, 아침, 1989.

_____, 강유원 옮김, 『경제학-철학 수고』, 이론과실천, 2006.

_____, 김수행 옮김, 『자본론』, 비봉출판사, 2015.

Plato, 박종현 옮김, 『국가·정체』, 서광사, 2005.

Popitz, Heinrich, 「史的唯物論의 哲學的 기초」, 김창호 편역, 『마르크스의 人間觀』, 동녘, 1983.

Rifkin, Jeremy, 이영호 옮김, 『노동의 종말』, 민음사, 1996.

_____, 이경남 옮김, 『공감의 시대』, 민음사, 2010.

_____, 안진환 옮김, 『3차 산업혁명』, 민음사, 2012.

_____, 안진환 옮김, 『한계비용 제로 사회』, 민음사, 2014.

Rousseau, Jean Jacques, The Social Contract, Maurice Cranston trans., New York: Penguin Books, 1968.

Sartre, Jean-Paul, 정소정 옮김, 『존재와 무』, 동서문화사, 2009.

Schwab, Klaus, 송경진 옮김, 『제4차 산업혁명』, 새로운현재, 2016.

Sowell, Thomas, 이구재 옮김, 『세계관의 갈등』, 인간사랑, 1990.

Susskind, Daniel, 김정아 옮김, 『노동의 시대는 끝났다』, 와이즈베리, 2020.

Thich, Nhat Hanh, Being Peace, Berkeley, California: Parallax Press, 1987.

Tolle, Eckhart, 노혜숙·유영일 옮김, 『지금 이 순간을 살아라』, 양문, 2008.

_____, 류시화 옮김, 『NOW-행성의 미래를 상상하는 사람들에게』, 조화로
    운삶, 2008.

von Franz, Marie-Louise, 이부영 외 옮김, 「個性化 過程」, Carl G. Jung and M. L.
    von Franz 편, 『人間과 無意識의 象徵』, 집문당, 1983.

Weber, Max, 박문재 옮김, 『프로테스탄트 윤리와 자본주의 정신』, 현대지성, 2018.

Williams, Tennessee, 김소임 옮김, 『욕망이라는 이름의 전차』, 민음사, 2007.

Wu, John Ching Hsiung, 류시화 옮김, 『禪의 황금시대』, 경서원, 1986.

○ **기타 참고 자료**

조선일보, 「로봇이 지지고 볶고 배달까지… 팁 줄 필요도 없네요」, 2019. 9. 19.

ICT 시사상식 2019.

Naver, 한경닷컴 사전.

삶의 행복을 꿈꾸는 교육은 어디에서 오는가?

● **교육혁명을 앞당기는 배움책 이야기** 혁신교육의 철학과 잉걸진 미래를 만나다!

한국교육연구네트워크 총서

 01 핀란드 교육혁명
한국교육연구네트워크 엮음 | 320쪽 | 값 15,000원

 02 일제고사를 넘어서
한국교육연구네트워크 엮음 | 284쪽 | 값 13,000원

 03 새로운 사회를 여는 교육혁명
한국교육연구네트워크 엮음 | 380쪽 | 값 17,000원

 04 교장제도 혁명
한국교육연구네트워크 엮음 | 268쪽 | 값 14,000원

 05 새로운 사회를 여는 교육자치 혁명
한국교육연구네트워크 엮음 | 312쪽 | 값 15,000원

 06 혁신학교에 대한 교육학적 성찰
한국교육연구네트워크 엮음 | 308쪽 | 값 15,000원

 07 진보주의 교육의 세계적 동향
한국교육연구네트워크 엮음 | 324쪽 | 값 17,000원
2018 세종도서 학술부문

 08 더 나은 세상을 위한 학교혁명
한국교육연구네트워크 엮음 | 404쪽 | 값 21,000원
2018 세종도서 교양부문

 09 비판적 실천을 위한 교육학
이윤미 외 지음 | 448쪽 | 값 23,000원
2019 세종도서 학술부문

 **10 마을교육공동체운동:
세계적 동향과 전망**
심성보 외 지음 | 376쪽 | 값 18,000원

 **11 학교 민주시민교육의
세계적 동향과 과제**
심성보 외 지음 | 308쪽 | 값 16,000원

**12 학교를 민주주의의 정원으로
가꿀 수 있을까?**
성열관 외 지음 | 272쪽 | 값 16,000원

한국교육연구네트워크 번역 총서

 01 프레이리와 교육
존 엘리아스 지음 | 한국교육연구네트워크 옮김
276쪽 | 값 14,000원

 02 교육은 사회를 바꿀 수 있을까?
마이클 애플 지음 | 강희룡·김선우·박원순·이형빈 옮김
356쪽 | 값 16,000원

 **03 비판적 페다고지는
세상을 변화시킬 수 있는가?**
Seewha Cho 지음 | 심성보·조시화 옮김
280쪽 | 값 14,000원

 04 마이클 애플의 민주학교
마이클 애플·제임스 빈 엮음 | 강희룡 옮김
276쪽 | 값 14,000원

 05 21세기 교육과 민주주의
넬 나딩스 지음 | 심성보 옮김 | 392쪽 | 값 18,000원

 **06 세계교육개혁:
민영화 우선인가 공적 투자 강화인가?**
린다 달링-해먼드 외 지음 | 심성보 외 옮김 | 408쪽 | 값 21,000원

 07 콩도르세, 공교육에 관한 다섯 논문
니콜라 드 콩도르세 지음 | 이주환 옮김
300쪽 | 값 16,000원

 08 학교를 변론하다
얀 마스켈라인·마틴 시몬스 지음 | 윤선인 옮김
252쪽 | 값 15,000원

 09 존 듀이와 교육
짐 개리슨 외 지음 | 김세희 외 옮김
372쪽 | 값 19,000원

 10 진보주의 교육운동사
윌리엄 헤이스 지음 | 심성보 외 옮김
324쪽 | 값 18,000원

 혁신학교
성열관·이순철 지음 | 224쪽 | 값 12,000원

 행복한 혁신학교 만들기
초등교육과정연구모임 지음 | 264쪽 | 값 13,000원

 서울형 혁신학교 이야기
이부영 지음 | 320쪽 | 값 15,000원

 대한민국 교사, 어떻게 가르칠 것인가?
윤성관 지음 | 320쪽 | 값 15,000원

 아이들을 어떻게 가르칠 것인가
사토 마나부 지음 | 박찬영 옮김 | 232쪽 | 값 13,000원

 모두를 위한 국제이해교육
한국국제이해교육학회 지음 | 364쪽 | 값 16,000원

학교를 살리는 회복적 생활교육
김민자·이순영·정선영 지음 | 256쪽 | 값 15,000원

교사를 위한 교육학 강의
이형빈 지음 | 336쪽 | 값 17,000원

새로운학교 학생을 날게 하다
새로운학교네트워크 총서 02 | 408쪽 | 값 20,000원

세월호가 묻고 교육이 답하다
경기도교육연구원 지음 | 214쪽 | 값 13,000원

미래교육, 어떻게 만들어갈 것인가?
송기상·김성천 지음 | 300쪽 | 값 16,000원
2019 세종도서 교양부문

교육에 대한 오해
우문영 지음 | 224쪽 | 값 15,000원

혁신교육지구 현장을 가다
이용운 외 4인 지음 | 344쪽 | 값 18,000원

배움의 독립선언, 평생학습
정민승 지음 | 240쪽 | 값 15,000원

교육혁신의 시대
배움의 공간을 상상하다
함영기 외 지음 | 264쪽 | 값 17,000원

서울의 마을교육
이용윤 외 지음 | 352쪽 | 값 18,000원

평화와 인성을 키우는 자기우정
따돌림사회연구모임 우정팀 지음 | 240쪽 | 값 15,000원

수포자의 시대
김성수·이형빈 지음 | 252쪽 | 값 15,000원

혁신학교와 실천적 교육과정
신은희 지음 | 236쪽 | 값 15,000원

삶의 시간을 잇는 문화예술교육
고영직 지음 | 292쪽 | 값 16,000원

혐오, 교실에 들어오다
이혜정 외 지음 | 232쪽 | 값 15,000원

혁신교육지구와 마을교육공동체는
어떻게 만들어지는가?
김태정 지음 | 376쪽 | 값 18,000원

선생님, 특성화고 자기소개서
어떻게 써요?
이지영 지음 | 322쪽 | 값 17,000원

학생과 교사, 수업을 묻다
전용진 지음 | 344쪽 | 값 18,000원

혁신학교의 꽃, 교육과정 다시 그리기
안재일 지음 | 344쪽 | 값 18,000원

학습격차 해소를 위한 새로운 도전
보편적 학습설계 수업
조윤정 외 지음 | 225쪽 | 값 15,000원

물질과의 새로운 만남
베로니차 파치니-케처바우 지음 | 240쪽 | 값 15,000원

미래교육을 열어가는
배움중심 원격수업
이윤서 외 지음 | 332쪽 | 값 17,000원

● **살림터 참교육 문예 시리즈** 영혼이 있는 삶을 가르치는 온 선생님을 만나다!

꽃보다 귀한 우리 아이는
조재도 지음 | 244쪽 | 값 12,000원

성깔 있는 나무들
최은숙 지음 | 244쪽 | 값 12,000원

아이들에게 세상을 배웠네
명혜정 지음 | 240쪽 | 값 12,000원

밥상에서 세상으로
김흥숙 지음 | 280쪽 | 값 13,000원

우물쭈물하다 끝난 교사 이야기
유기창 지음 | 380쪽 | 값 17,000원

오천년을 사는 여자
염경미 지음 | 272쪽 | 값 16,000원

선생님이 먼저 때렸는데요
강병철 지음 | 248쪽 | 값 12,000원

서울 여자, 시골 선생님 되다
조경선 지음 | 252쪽 | 값 12,000원

행복한 창의 교육
최창의 지음 | 328쪽 | 값 15,000원

북유럽 교육 기행
정애경 외 14인 지음 | 288쪽 | 값 14,000원

시험 시간에 웃은 건 처음이에요
조규선 지음 | 252쪽 | 값 15,000원

다정한 교실에서 20,000시간
강정희 지음 | 296쪽 | 값 16,000원

● 교과서 밖에서 만나는 역사 교실 상식이 통하는 살아 있는 역사를 만나다

전봉준과 동학농민혁명
조광환 지음 | 336쪽 | 값 15,000원

남도의 기억을 걷다
노성태 지음 | 344쪽 | 값 14,000원

응답하라 한국사 1·2
김은석 지음 | 356쪽·368쪽 | 각권 값 15,000원

즐거운 국사수업 32강
김남선 지음 | 280쪽 | 값 11,000원

즐거운 세계사 수업
김은석 지음 | 328쪽 | 값 13,000원

강화도의 기억을 걷다
최보길 지음 | 276쪽 | 값 14,000원

광주의 기억을 걷다
노성태 지음 | 348쪽 | 값 15,000원

선생님도 궁금해하는
한국사의 비밀 20가지
김은석 지음 | 312쪽 | 값 15,000원

걸림돌
키르스텐 세룹-빌펠트 지음 | 문봉애 옮김
248쪽 | 값 13,000원

역사수업을 부탁해
열 사람의 한 걸음 지음 | 388쪽 | 값 18,000원

진실과 거짓, 인물 한국사
하성환 지음 | 400쪽 | 값 18,000원

우리 역사에서 사라진
근현대 인물 한국사
하성환 지음 | 296쪽 | 값 18,000원

꼬물꼬물 거꾸로 역사수업
역모자들 지음 | 436쪽 | 값 23,000원

즐거운 동아시아사 수업
김은석 지음 | 240쪽 | 값 15,000원

노성태, 역사의 길을 걷다
노성태 지음 | 324쪽 | 값 17,000원

교과서 밖에서 배우는 역사 공부
정은교 지음 | 292쪽 | 값 14,000원

팔만대장경도 모르면 빨래판이다
전병철 지음 | 360쪽 | 값 16,000원

빨래판도 잘 보면 팔만대장경이다
전병철 지음 | 360쪽 | 값 16,000원

영화는 역사다
강성률 지음 | 288쪽 | 값 13,000원

친일 영화의 해부학
강성률 지음 | 264쪽 | 값 15,000원

한국 고대사의 비밀
김은석 지음 | 304쪽 | 값 13,000원

조선족 근현대 교육사
정미량 지음 | 320쪽 | 값 15,000원

다시 읽는 조선근대 교육의 사상과 운동
윤건차 지음 | 이명실·심성보 옮김 | 516쪽 | 값 25,000원

음악과 함께 떠나는 세계의 혁명 이야기
조광환 지음 | 292쪽 | 값 15,000원

논쟁으로 보는 일본 근대 교육의 역사
이명실 지음 | 324쪽 | 값 17,000원

다시, 독립의 기억을 걷다
노성태 지음 | 320쪽 | 값 16,000원

한국사 리뷰
김은석 지음 | 244쪽 | 값 15,000원

경남의 기억을 걷다
류형진 외 지음 | 564쪽 | 값 28,000원

어제와 오늘이 만나는 교실
학생과 교사의 역사수업 에세이
정진경 외 지음 | 328쪽 | 값 17,000원

우리 역사에서 왜곡되고 사라진
근현대 인물 한국사
하성환 지음 | 348쪽 | 값 18,000원

● 더불어 사는 정의로운 세상을 여는 인문사회과학 사람의 존엄과 평등의 가치를 배운다

 밥상혁명
강양구·강이현 지음 | 298쪽 | 값 13,800원

 좌우지간 인권이다
안경환 지음 | 288쪽 | 값 13,000원

 도덕 교과서 무엇이 문제인가?
김대용 지음 | 272쪽 | 값 14,000원

 민주시민교육
심성보 지음 | 544쪽 | 값 25,000원

 자율주의와 진보교육
조엘 스프링 지음 | 심성보 옮김 | 320쪽 | 값 15,000원

 **민주시민을 위한 도덕교육**
심성보 지음 | 500쪽 | 값 25,000원
2015 세종도서 학술부문

 민주화 이후의 공동체 교육
심성보 지음 | 392쪽 | 값 15,000원
2009 문화체육관광부 우수학술도서

 교과서 밖에서 배우는 인문학 공부
정은교 지음 | 280쪽 | 값 13,000원

 갈등을 넘어 협력 사회로
이창언·오수길·유문종·신윤관 지음
280쪽 | 값 15,000원

 오래된 미래교육
정재걸 지음 | 392쪽 | 값 18,000원

 동양사상과 마음교육
정재걸 외 지음 | 356쪽 | 값 16,000원
2015 세종도서 학술부문

 대한민국 의료혁명
전국보건의료산업노동조합 엮음 | 548쪽 | 값 25,000원

 교과서 밖에서 배우는 철학 공부
정은교 지음 | 280쪽 | 값 14,000원

 교과서 밖에서 배우는 고전 공부
정은교 지음 | 288쪽 | 값 14,000원

 교과서 밖에서 배우는 사회 공부
정은교 지음 | 304쪽 | 값 15,000원

 전체 안의 전체 사고 속의 사고
김우창의 인문학을 읽다
현광일 지음 | 320쪽 | 값 15,000원

 교과서 밖에서 배우는 윤리 공부
정은교 지음 | 292쪽 | 값 15,000원

 카스트로, 종교를 말하다
피델 카스트로·프레이 베토 대담 | 조세종 옮김
420쪽 | 값 21,000원

 한글 혁명
김슬옹 지음 | 388쪽 | 값 18,000원

 일제강점기 한국철학
이태우 지음 | 448쪽 | 값 25,000원

 우리 안의 미래교육
정재걸 지음 | 484쪽 | 값 25,000원

 한국 교육 제4의 길을 찾다
이길상 지음 | 400쪽 | 값 21,000원
2019 세종도서 학술부문

 왜 그는 한국으로 돌아왔는가?
황선준 지음 | 364쪽 | 값 17,000원
2019 세종도서 교양부문

 마을교육공동체 생태적 의미와 실천
김용련 지음 | 256쪽 | 값 15,000원

 공간, 문화, 정치의 생태학
현광일 지음 | 232쪽 | 값 15,000원

 교육과정에서 왜 지식이 중요한가
심성보 지음 | 440쪽 | 값 23,000원

 인공지능 시대의 사회학적 상상력
홍승표 지음 | 260쪽 | 값 15,000원

 식물에게서 교육을 배우다
이차영 지음 | 260쪽 | 값 15,000원

 동양사상과 인간 그리고 사회
이현지 지음 | 418쪽 | 값 21,000원

 왜 전태일인가
송필경 지음 | 236쪽 | 값 17,000원

 장자와 탈현대
정재걸 외 지음 | 424쪽 | 값 21,000원

 한국 세계시민교육이 나아갈 길을 묻다
유네스코태평양 국제이해교육원 지음 | 260쪽 | 값 18,000원

 놀자선생의 놀이인문학
진용근 지음 | 380쪽 | 값 185,000원

 **코로나 시대, 마을교육공동체 운동과
생태적 교육학**
심성보 지음 | 280쪽 | 값 17,000원

 포스트 코로나 시대, 예술과 정치
현광일 지음 | 288쪽 | 값 16,000원

● 평화샘 프로젝트 매뉴얼 시리즈 학교폭력에 대한 근본적인 예방과 대책을 찾는다

학교폭력 어떻게 만들어지는가
문재현 외 지음 | 300쪽 | 값 14,000원

아이들을 살리는 동네
문재현·신동명·김수동 지음 | 204쪽 | 값 10,000원

학교폭력, 멈춰!
문재현 외 지음 | 348쪽 | 값 15,000원

평화! 행복한 학교의 시작
문재현 외 지음 | 252쪽 | 값 12,000원

왕따, 이렇게 해결할 수 있다
문재현 외 지음 | 236쪽 | 값 12,000원

마을에 배움의 길이 있다
문재현 지음 | 208쪽 | 값 10,000원

젊은 부모를 위한 백만 년의 육아 슬기
문재현 지음 | 248쪽 | 값 13,000원

별자리, 인류의 이야기 주머니
문재현·문한뫼 지음 | 444쪽 | 값 20,000원

우리는 마을에 산다
유양우·신동명·김수동·문재현 지음
312쪽 | 값 15,000원

동생아, 우리 뭐 하고 놀까?
문재현 외 지음 | 280쪽 | 값 15,000원

누가, 학교폭력 해결을 가로막는가?
문재현 외 지음 | 312쪽 | 값 15,000원

코로나 19가 앞당긴 미래, 마을에서 찾는 배움길
문재현 외 지음 | 308쪽 | 값 16,000원

● 남북이 하나 되는 두물머리 평화교육 분단 극복을 위한 치열한 배움과 실천을 만나다

10년 후 통일
정동영·지승호 지음 | 328쪽 | 값 15,000원

선생님, 통일이 뭐예요?
정경호 지음 | 252쪽 | 값 13,000원

분단시대의 통일교육
성래운 지음 | 428쪽 | 값 18,000원

김창환 교수의 DMZ 지리 이야기
김창환 지음 | 264쪽 | 값 15,000원

한반도 평화교육 어떻게 할 것인가
이기범 외 지음 | 252쪽 | 값 15,000원

포괄적 평화교육
베티 리어든 지음 | 강순원 옮김 | 252쪽 | 값 17,000원

● 창의적인 협력 수업을 지향하는 삶이 있는 국어 교실 우리말 글을 배우며 세상을 배우다

중학교 국어 수업 어떻게 할 것인가?
김미경 지음 | 340쪽 | 값 15,000원

토론의 숲에서 나를 만나다
명혜정 엮음 | 312쪽 | 값 15,000원

토닥토닥 토론해요
명혜정·이명선·조선미 엮음 | 288쪽 | 값 15,000원

인문학의 숲을 거니는 토론 수업
순천국어교사모임 엮음 | 308쪽 | 값 15,000원

어린이와 시
오인태 지음 | 192쪽 | 값 12,000원

수업, 슬로리딩과 함께
박경숙 외 지음 | 268쪽 | 값 15,000원

언어던
정은균 지음 | 268쪽 | 값 15,000원
2019 세종도서 교양부문

민촌 이기영 평전
이성렬 지음 | 508쪽 | 값 20,000원

감각의 갱신, 화장하는 인민
남북문학예술연구회 | 380쪽 | 값 19,000원

참된 삶과 교육에 관한 생각 줍기